Capricornio

La guía definitiva del increíble signo zodiacal de la astrología

Tabla de Contenidos

Introducción

Las estrellas y los planetas siempre han desempeñado un papel importante en nuestras vidas, y ha sido así desde el principio de los tiempos. Cada uno de nosotros nace con su propio destino, sin excepciones. Aunque cada uno de nosotros no sea más que una pequeña parte del universo, tenemos nuestro propio significado cósmico.

En la antigüedad, se crearon muchas historias o mitos en torno a estas cosas. Los antiguos daban mucha importancia a las estrellas y planetas. Las estrellas y los planetas actuaban como guía y divinidad para las personas. Aunque ahora hay muchos escépticos, también hay muchos creyentes. También hay quienes sienten curiosidad y quieren aprender más. Sea cual sea la razón, los factores astrológicos y astronómicos son una parte ineludible del mundo.

Cuando nacemos, tenemos un plan determinado creado exclusivamente para nosotros. Se trata de una combinación de la genética y las características relacionadas con el momento astrológico en el que nacemos. El alcance y los detalles exactos nunca pueden predecirse, pero la gente ha recurrido al horóscopo durante siglos. Encontramos mucha información sobre nuestro destino y sobre nosotros mismos a través de nuestros signos solares.

Una de las primeras menciones del zodiaco se encuentra en la astrología babilónica. Su concepto fue influenciado posteriormente por la cultura helenística. Se cree que los signos solares representan muchas características de las personas.

Por ello, la gente siempre ha estado interesada en aprender sobre el zodiaco; les ayuda a conocerse a sí mismos y a las personas de su entorno. En este libro, nos centraremos específicamente en un signo concreto del zodiaco: Capricornio. Conocerá los rasgos exclusivos de las personas que pertenecen al signo de la Cabra de mar. Este libro le revelará los secretos de la mente y el corazón de un Capricornio en cada etapa de su vida.

Entenderá cuáles son sus puntos fuertes y débiles, y qué buscan en la vida. Aunque cada individuo en la Tierra es único a su manera, aprender sobre su signo zodiacal puede ayudarnos a conocerlos. Así que, si usted es un Capricornio, o su amigo, cónyuge, familiar, compañero de trabajo o hijo lo es, este libro puede ser inmensamente útil como guía para conocer este signo.

El antiguo arte de la astrología ha recuperado su popularidad en los últimos años. Conocer su signo del zodiaco y su horóscopo puede servirle de punto de referencia en la vida. Le proporcionará orientación y una visión valiosa.

Se ha cubierto una amplia gama de temas, desde Capricornio como niño y adulto hasta la compatibilidad de Capricornio con otros signos en el amor o en el trabajo. Estar en sintonía con su signo zodiacal o aprender sobre el Capricornio de su vida aumentará el potencial de llevar una vida más feliz.

Mientras lee este libro, recuerde mantener la mente abierta. Le ayudará a descubrir mucho sobre los Capricornio, y sobre los demás signos del zodiaco.

Capítulo 1: Introducción a Capricornio

Capricornio es el último signo de tierra entre los doce signos del zodiaco. También se considera uno de los signos cardinales y es un signo de tierra negativo. El planeta regente de esta casa es Saturno, y su origen proviene de la constelación de la cabra con cuernos de Capricornio.

Probablemente lo vea representado por una figura de cabra cuando consulte su horóscopo o lea sobre el zodiaco en cualquier lugar. Este símbolo es una cabra marina, una criatura mitológica con cola de pez y la parte superior, el cuerpo de una cabra. También tiene relación con Enki, que era el dios de la sabiduría y del agua para los sumerios. En la mitología de babilonios y acadios, se le llamó posteriormente Ea y se le consideró el dios de la inteligencia, la magia, la creación y el agua. El equivalente de Capricornio en la mitología hindú es Makara, y el cocodrilo representa el signo.

- Fecha: Si nació entre el 22 de diciembre y el 19 de enero, es un Capricornio.
- Símbolo: La cabra de mar.
- Elemento: El elemento es la Tierra.

- Polaridad: Negativa.
- Casa gobernante: Décima.
- Cualidad: Cardinal.
- Carta del Tarot: El Diablo.
- Colores favorables: Marrón, caqui, negro y morado.
- Colores a evitar: Amarillo y Rojo.
- Famosos Capricornio: Michelle Obama, Kate Middleton, Liam Hemsworth, Dolly Parton, Diane Sawyer, Kit Harington, Denzel Washington.

Simbolismo y mitos asociados a Capricornio

La mitología asociada a la cabra marina que representa a Capricornio se remonta a la Edad de Bronce. Para los babilonios, Ea era un dios protector de la creación, el agua y el conocimiento. La cabra marina también tiene otras asociaciones en la mitología griega. Se la relaciona con Amaltea, la cabra que amamantó a Zeus cuando huyó de la ira de su padre siendo un bebé. Otro relato describe cómo el cuerno roto de Amaltea se convirtió en la Cornucopia. La Cornucopia era el cuerno lleno de recompensas terrenales.

Este signo del zodiaco también está vinculado a Pricus, que era el padre de las cabras marinas. Pricus trató de proteger a las cabras marinas haciendo retroceder el tiempo cuando empezaron vagar por tierra firme y perdieron su capacidad de pensar y hablar, pero tuvo que resignar sus hijos a la naturaleza. Entonces Pricus creó la constelación de Capricornio y consiguió un hogar inmortal en el cielo. La historia de Pricus se considera la razón por la que se asocia el estereotipo melancólico y triste a la mayoría de los Capricornio.

Estación

La estación de Capricornio comienza el 21 de diciembre en el zodiaco occidental. Es el solsticio de invierno en el hemisferio norte. La luz y el calor del sol están en su punto más bajo durante esta época del año. La duración de la noche es algo mayor que la del día. A partir del solsticio de invierno, la duración de los días empieza a alargarse lentamente hacia el equinoccio de primavera. El equinoccio de primavera representa la última y cuarta estación del año. Las actividades de invierno reflejan la afinidad de Capricornio por la preparación y el ingenio. La mayoría de las criaturas se guardan e hibernan durante esta estación.

Clasificación

Capricornio es uno de los signos cardinales del zodíaco. Contiene la energía elemental del liderazgo y la iniciación. El comienzo del invierno marca la estación de Capricornio, cuando los niveles de energía y luz están al máximo. La raíz de la fuerte autoridad cardinal de un Capricornio y su naturaleza es la cualidad definitiva de la estación.

Elemento

El elemento asociado a Capricornio es la tierra. Es el elemento más sólido y pesado. Los antiguos astrólogos consideraban que la tierra era la forma más densa de toda la materia. Este elemento representa todo aquello, y sobre, lo cual la naturaleza está construida. Sin tierra, no hay nada que pueda tomar forma material. La afinidad de Capricornio para dirigir, administrar y ejercer el poder material está relacionada con el elemento tierra y lo tangible.

Planeta regente

Casa de Saturno: Según la astrología clásica, Capricornio y Acuario estaban regidos por el planeta Saturno. Se consideraba a Capricornio el residente nocturno de este planeta. Este signo de tierra, disciplinado y ambicioso, permite la expresión y ejecución de las funciones más autoritarias y severas de Saturno. Ser organizativo, productivo y práctico son habilidades concedidas a Capricornio.

Si ha nacido con Saturno en Capricornio, estas habilidades pueden ser naturales para usted. Estas personas suelen tener un sentido innato de la responsabilidad y el deber. Lo utilizan para poner orden y estructura en su mundo. Los Capricornio nacen con un profundo sentido de conciencia de cualquier adversidad que les rodea. También aceptan que están hechos para lidiar los tiempos difíciles que se les presenten.

El detrimento de la Luna

Este zodiaco está en polaridad con Cáncer, que es un signo cardinal de agua. Dado que la Luna rige a Cáncer, las personas de este signo son emocionalmente afectivas, protectoras y sensibles. Se sienten cómodos siendo vulnerables y son intuitivos por naturaleza. Esto contrasta con la gente de Capricornio, que es mucho más seria.

Los Capricornio tienen una ética de trabajo muy fuerte y quieren lograr más para que los demás los reconozcan. La luna en Saturno compensa este detrimento. Los nacidos en esta casa tienden a tener una barrera protectora en torno a ellos y a sus emociones. A un Capricornio le lleva mucho tiempo abrirse completamente a alguien y mostrar su vulnerabilidad. Puede haber un efecto saturniano debido a su colocación, el cual puede causarles ataques de depresión o tristeza.

Si están heridos emocionalmente, son propensos a volverse cínicos. Tales experiencias hacen que a un Capricornio le resulte difícil volver a confiar en la gente. Las personas con la Luna en Capricornio tardan mucho en admitir la necesidad de apoyo emocional. En cambio, siempre se enorgullecen de su autosuficiencia e independencia.

Exaltación de Marte

Marte es el planeta de la guerra, el impulso y el combate. Tiene un lugar especialmente exaltado en el signo de Capricornio. El poder y la propulsión de Marte se combinan de forma única con la ética de trabajo firme y decidida de un Capricornio. Esta ubicación permite la formación de personas buenas en artes marciales y otros deportes. También tienen mentes estratégicas y tácticas.

Estas personas trabajan en torno a sus objetivos ayudadas por su fuerza y resistencia de forma ordenada. Esta ubicación ayuda a dominar las cualidades precipitadas de Marte y permite que su energía se estabilice para que sus nativos puedan perseverar y rendir bien.

Caída de Júpiter

Según los astrólogos clásicos, Júpiter era exaltado en Cáncer, y allí expresaba su conocimiento, benevolencia y expansión de manera generosa, pero algunos dicen que Júpiter tuvo su caída en Capricornio, que es el signo opuesto. El detrimento es más bien un desafío de adaptación comparado con esto, pero sigue causando molestias a la fuerza planetaria.

Capricornio es un signo de tierra, frío y seco. El arquetipo es reservado y cauteloso, mientras que Júpiter promueve el optimismo y la fe. Por eso la energía de Júpiter no puede fluir libremente. En cambio, los nativos desarrollan un optimismo cauteloso en el que les resulta difícil creer que el universo está trabajando a su favor o que tienen buena fortuna. Sin embargo, las cualidades entusiastas de Júpiter pueden seguir brillando y permiten que estos nativos sobrevivan a las adversidades que enfrentan en la vida.

Regencia de la casa

Casa X

El Alfabeto de las Doce Letras es un sistema astrológico moderno. En este, cada signo del zodiaco rige una casa determinada entre las doce de la carta astral. Los astrólogos psicólogos crearon esta innovación para ayudar a relacionar los temas de las casas con las afinidades de los signos. La décima casa, de la carrera y el estatus público, se asignó al signo zodiacal de Capricornio. Esto se debe a que los objetivos ambiciosos y terrenales de Capricornio se identifican con los motivos de la décima casa. El tiempo y la paciencia tienden a regir en Capricornio, por lo que la forma analítica de Saturno es bienvenida en esta casa.

Casa XII

Según la astrología tradicional, Saturno es el regente planetario de Capricornio. Algunos dicen que Saturno encuentra la alegría en la casa doce. La duodécima casa es la del encierro, el aislamiento y la soledad en la carta astral. Los astrólogos clásicos también llamaban a esta casa la casa del mal espíritu. Esto significaba que la casa doce estaba conectada con temas de ansiedad y sombras que pueden causar angustia mental.

La relación con Saturno es la responsable de las mayores pruebas que afronta una persona. Se manifiesta como una sensación de estar cargado con muchas preocupaciones y responsabilidades. Por eso, Saturno se expresa mejor en la casa doce, pero esta ubicación puede considerarse buena a pesar de las dificultades, porque también está vinculada al tema de la perseverancia hasta la conquista de todos los obstáculos.

Características de Capricornio

Personalidad

Los rasgos de la personalidad de las personas de este signo zodiacal se derivan de las cualidades yin que son receptivas y femeninas. Por ello, los Capricornio están comprometidos con su conciencia interior y orientados a la contemplación. Independientemente del sexo, un Capricornio será disciplinado, decidido y dominante. Esto constituye el núcleo de la personalidad de un hombre o una mujer de Capricornio. Es señal de su ingenio y resistencia frente a la estación fría en la que han nacido.

Capricornio es un signo zodiacal cardinal y, por lo tanto, tiene cualidades de constructor, escalador y triunfador. Pueden fijarse metas elevadas y alcanzarlas dando un paso a la vez. Las personas nacidas con este signo son fiables, constantes y decididas. Además, suelen cumplir mucho más de lo que prometen. Los del signo de la cabra de mar se toman su reputación y su honor mucho más en serio que los demás.

Capítulo 2: Perfiles de la cúspide de Capricornio

Al conocer las características de un Capricornio, también hay que tener en cuenta a los que entran en la categoría de cúspide. Una cúspide es cuando el cumpleaños de una persona cae justo entre dos signos del zodiaco. Se considera que está en una cúspide si ha nacido dentro de los tres días anteriores o posteriores a la transición de un signo zodiacal al otro. En el caso de los Capricornio, existen dos perfiles de cúspide.

Uno es la cúspide de Capricornio y Acuario, y el otro es la cúspide de Capricornio y Sagitario. El primero se encuentra al final del período de Capricornio, mientras que el otro se encuentra al principio del período de Capricornio. Estas personas tienden a tener características de las dos casas en las que cae la cúspide. Por ello, el conflicto interno es un problema real de sus personalidades. Estas personas tienen dificultades para tomar decisiones porque sus diferentes rasgos siempre chocan entre sí. A medida que lea más sobre los dos perfiles de cúspide de Capricornio, entenderá mejor esto.

La cúspide Capricornio-Acuario

Si ha nacido entre el 17 y el 23 de enero, entonces ha nacido en la cúspide Capricornio-Acuario. Una persona nacida en la cúspide Capricornio-Acuario tiende a poseer energías polarizadas y contrastadas, lo que la convierte en un individuo único. Tiende a ser un idealista trabajador y, en el mundo del tarot, se le considera una amalgama de la cúspide del misterio y la imaginación.

Si se observan los dos signos por separado, difieren mucho el uno del otro. Sin embargo, esta combinación permite a estos individuos mirar el mundo con una perspectiva poco convencional de forma inigualable. El planeta regente de Capricornio es Saturno, también conocido como el planeta de las lecciones y las limitaciones. Esto hace que los Capricornio tengan una visión muy práctica de la vida y se centren en sus responsabilidades del mundo real.

Pero el planeta regente del signo de Acuario es Urano, que empuja a las personas a desarrollar pensamientos radicales y poco convencionales y les da la capacidad de abrir las mentes de las personas que les rodean. Cuando estas dos personalidades tan marcadas se unen, pueden crear un individuo poderosamente brillante, creativo y ambicioso.

Como la cúspide Capricornio-Acuario es un contraste de personalidades y perspectivas, que son los elementos capaces de influir, también puede crear una contradicción compleja. El lado de Capricornio, o el lado de la tierra, es extremadamente aterrizado y determinado, mientras que el lado de Acuario, el lado del aire, tiene un fuerte afecto por la espontaneidad y la variedad. Esto puede suponer un reto si se tiene en cuenta que hay que alimentar estas dos mitades de la personalidad, pero si se consigue canalizar estas energías de forma sana y productiva, se puede crecer y triunfar sin importar lo que la vida depare.

Una persona nacida en la cúspide de la imaginación y el misterio tiende a tener mucha excitación interna. Es posible que su mente produzca constantemente pensamientos interesantes e ideas creativas, y que tenga la posibilidad de experimentar más epifanías y momentos de avance que la mayoría de la gente, pero esta producción constante de sueños y ambiciones que fluyen por su psique puede hacer que parezca desinteresado y desapegado de la mayoría de la gente y de las situaciones en las que se encuentre.

Una persona nacida en la cúspide Capricornio-Acuario puede estimular las conversaciones, lo que le hace parecer un mago mientras conversa con otras personas. Puede ver el mundo tal y como es, y le atrae discutir sus problemas y encontrar formas de solucionarlo. Aunque esto le da la capacidad de mantener conversaciones intrigantes y fascinantes, puede ser aislante e intimidante cuando se trata de conectar con sus allegados, como sus amigos y familia.

Su mente rebosa de sabiduría y opiniones poco convencionales sobre diferentes temas que le conciernen a usted y al mundo, pero esto puede impedirle ver a sus amigos y familiares, y puede provocar un distanciamiento y tensar sus relaciones personales. Aunque puede ser un esfuerzo muy noble pensar en el panorama general, no debe olvidar tomarse un respiro de vez en cuando y comprobar cómo están sus seres queridos y nutrir sus relaciones personales.

Si ha nacido en la cúspide Capricornio-Acuario, puede estar seguro de que su vida no será aburrida. Mientras no esté machacando y trabajando incansablemente en sus ideas creativas, así como en las conexiones sociales que tiene, estará llenando su vida de emoción y propósito. Como individuo único, puede convertirse en un poderoso líder e inspirar cambios significativos si se esfuerza en ello, pero tenga en cuenta que incluso las ideas más profundas necesitan el apoyo de las personas que le rodean; no deje de esforzarse por conectar con las personas de su vida y hacer que se sientan apreciadas.

Fortalezas

La autodeterminación, la creatividad, el ingenio, la empatía y los procesos de pensamiento idealistas son solo algunos de los muchos puntos fuertes que poseen las personas de la cúspide de Capricornio. Al haber nacido en la cúspide Capricornio-Acuario, está naturalmente bendecido con un fuerte impulso hacia el éxito y la creatividad al formular sus pensamientos.

Aunque estos rasgos de carácter contrastados pueden chocar, estas diferencias le permiten prever cambios significativos y positivos y tener mayores ambiciones e ideas. Puede empatizar con los demás y ponerse en su lugar, lo que le permite ver el mundo desde diferentes perspectivas. Esto le convierte en un gran amigo y en un alma bondadosa y generosa, si se toma el tiempo para conversar y escuchar.

Debilidades

Cuando no están en su mejor momento, el desapego, el caos, el egoísmo, el pensamiento crítico y los prejuicios son los vicios comunes en la cúspide Capricornio-Acuario. Debido a que tiene que estar tan involucrado con la creatividad y la imaginación para mantenerse motivado y ocupado, puede encerrarse inadvertidamente en su propio mundo, y puede sentir que no necesita la compañía de otras personas para darle sentido a su vida.

Se siente más cómodo estando solo con sus propios pensamientos, y esto puede hacer involuntariamente que sus seres queridos se sientan poco queridos y apreciados. Esto puede llegar a ser contraproducente y tener un impacto negativo en sus relaciones personales, lo cual es una pena porque estas personas también resultan ser algunos de sus mayores apoyos.

Supongamos que ha nacido en la cúspide Capricornio-Acuario. En ese caso, debe recordar la importancia de un sistema de apoyo fuerte y esforzarse en sus relaciones personales de vez en cuando, o pueden convertirse en un obstáculo y afectarle de forma negativa.

Compatibilidad

Si ha nacido en la cúspide Capricornio-Acuario, la libertad y la autosuficiencia son muy importantes para usted. Tiende a prosperar por su cuenta, y más que a menudo, puede sentir que el compromiso y las relaciones de dependencia no son lo suyo, pero también necesita el apoyo y la compañía que le ofrece un amante. Puede que le lleve tiempo asimilar la idea de tener una pareja, pero cuando lo haga, descubrirá que un buen compañero ayuda a mantener la vida divertida y ligera.

Los signos de fuego tienden a ser más compatibles con la cúspide Capricornio-Acuario; se sentirán atraídos por su creatividad y su ética de trabajo, y le ofrecerán fácilmente su apoyo y respaldarán sus ideas poco convencionales y radicales. Los signos de aire como Acuario, Libra y Géminis también son buenos compañeros para la cúspide Capricornio-Acuario. Pueden seguirle el ritmo intelectualmente y comprender su personalidad no tan emocional mejor que los otros signos.

Puntos clave

Desarrolle el hábito de autoevaluarse y reflexionar sobre sus emociones de vez en cuando. Aunque sea fácil perderse en su cabeza y mantenerse ocupado, también debe mantenerse con los pies en la tierra y con un pie en el mundo real. No quiere perderse las pequeñas, pero significativas, conversaciones que ocurren a su alrededor.

Intente escuchar a los demás mientras le hablan y mantenga sus prejuicios e ideas preconcebidas bajo control. No todo el mundo puede ser tan rápido y creativo como usted. Si mantiene la conciencia de sí mismo y se esfuerza, no olvide disfrutar de la vida y divertirse; esto mantendrá vivo el sentido de las posibilidades y la imaginación a largo plazo.

La cúspide Sagitario-Capricornio

Las personas nacidas entre el 18 y el 24 de diciembre forman parte de la cúspide Sagitario-Capricornio. Se convertirán en verdaderos visionarios, con una capacidad de éxito tremenda. La cúspide Sagitario-Capricornio también se conoce como la cúspide de la profecía; la fuerza de voluntad y determinación inherentes ayudarán a conseguir cualquier cosa propuesta.

Júpiter, como planeta de la expansión, rige a Sagitario, mientras que Saturno, como planeta de los límites y las lecciones, rige a Capricornio. Esto significa que tiene lo mejor de ambos, ya que no son tan contrastantes en comparación con la cúspide Capricornio-Acuario. Esta combinación única de sensibilidad e inspiración da la capacidad de ser no solo un gran visionario, sino también un verdadero pragmático que puede inspirar cambios reales.

Como cúspide Sagitario-Capricornio, lo nutre una fuerte pasión característica de un signo de *Fuego* (Sagitario), así como con la gran fuerza de voluntad y determinación de un signo de *Tierra* (Capricornio). Esto le ayudará a abrirse camino en la vida con una tenacidad feroz de la que carece la mayoría de la gente. Su signo de fuego le ayuda a mantenerse positivo y entusiasmado para afrontar la vida, pero eso por sí solo puede extinguirse rápidamente si no se complementa con la constancia y la fuerza de voluntad del elemento Tierra. Aprender a equilibrar estos dos elementos de su personalidad puede ayudarle a conseguir mucho más de lo que cree.

Las personas nacidas en la cúspide Sagitario-Capricornio tienden a ser leales, cariñosas y socialmente activas. Les rodean constantemente personas que les quieren y admiran y que tienen un interés genuino en las cosas que tienen que decir. Por ser razonables e ilustrados, la gente acudirá constantemente en busca de consejo y apoyo, y se encontrará orientando a las personas que forman parte de su vida. Solo recuerde ser empático y amable con las personas que acuden en busca de consejo. Puede ser un poderoso líder y maestro para aquellos que lo necesiten, siempre y cuando sea paciente y no se ponga agresivo con la gente; después de todo, no todos aprenden al mismo ritmo.

La combinación de Sagitario y Capricornio puede crear personas valientes y trabajadoras, dispuestas a esforzarse y a trabajar como lo exige el éxito. Será un individuo motivado, ansioso por escalar en la jerarquía y crear su propio espacio significativo dentro de la sociedad, pero este impulso y enfoque fuertes pueden crear una brecha entre usted y las personas que le rodean si no los tiene bajo control. Su actitud intransigente y su personalidad independiente tienen el potencial de cambiar el mundo, pero también pueden hacerle sentir un poco solo de vez en cuando.

Al haber nacido en la Cúspide de la Profecía, tendrá todo el potencial a su disposición. Aunque debe estar agradecido y ser humilde ante esta energía y determinación natural que lleva dentro, debe canalizarla y dejarla salir a través de expresiones positivas. Tiene el potencial de marcar una auténtica diferencia para los demás si tiene un plan definitivo. Si puede ser empático con los demás y tener un viaje divertido hacia la cima, se convertirá en el gran maestro y líder que estaba destinado a ser.

Fortalezas

Los nacidos en la cúspide Sagitario-Capricornio son personas responsables con un fuerte impulso hacia el éxito. También tienen la capacidad de ser extrovertidos y amigables con otras personas debido a su naturaleza justa y humorística. El fuerte deseo de ampliar los conocimientos permite experimentar y aprender de todo lo que la vida ofrece.

Cuando esto se une a un ardiente empuje y eterna determinación, puede darle la capacidad de crear un impacto positivo en su vida y en la de aquellos que forman parte de su círculo. Puede profundizar en ideas complejas y, al mismo tiempo, ser lo suficientemente organizado como para allanar su camino de forma lenta y constante hacia el éxito. La resolución estratégica de problemas es su punto fuerte, y si puede mantener constantemente su actitud positiva, puede convertirse en un poderoso líder.

Debilidades

Cuando alguien de la cúspide Sagitario-Capricornio no está en su mejor momento, se vuelve malhumorado y cerrado. Pueden ser intensos con sus interacciones, y cuando las cosas van mal, pueden volverse egoístas e impacientes. La gente puede interpretar esto de forma negativa y verle como un individuo aislado. Con todo el trabajo duro y la pasión que ponen en el trabajo, puede que no tengan tiempo para las personas que forman parte de su vida. Aunque son extremadamente serviciales y leales con las personas de su círculo, puede que les falte el equilibrio emocional necesario para una verdadera amistad o compañía.

Compatibilidad

Formar parte de la cúspide Sagitario-Capricornio o de la cúspide de la Profecía significa que tiene fuertes cualidades de liderazgo, que a menudo enseña a los demás y que se ocupa de sus talentos y de las cosas que le interesan. Para poder desarrollar una relación romántica fuerte, debe buscar a alguien que sepa escuchar y esté dispuesto a aprender de usted y a comprenderle como persona. Los signos de fuego alentarán su esfuerzo y empuje, animándole a ser mejor y más capaz. Los signos de Tierra también le ayudarán a mantener un pie en el mundo real y apreciarán su fiabilidad.

Puntos clave

El aislamiento puede producirse sin querer, así que trate de no aislar a las personas de su vida, aunque eso pueda parecer muy tentador en ciertos escenarios. Profesionalmente, es un trabajador capaz de aportar ideas brillantes que pueden ayudarle a tener mucho éxito en el trabajo. Las conversaciones triviales no son algo que le guste mucho, y necesita conversaciones divertidas y filosóficas que le inspiren a estar a la altura de su potencial. Concéntrese en sus amistades y relaciones personales, y se sentirá extremadamente satisfecho con todos los aspectos de su vida.

Capítulo 3: Fortalezas y debilidades de Capricornio

En esta sección, profundizaremos en los rasgos clave de Capricornio, tanto los positivos como los «desafiantes». Si tiene un Capricornio en su círculo íntimo, puede notar que tiende a hacer cosas que definitivamente le desagradan o le gustan. Y si usted es un Capricornio, es posible que se sienta identificado con las cosas que se mencionan aquí.

Por ejemplo, a los Capricornio no les cuesta acercarse a desconocidos en las fiestas y se sienten cómodos charlando con el personal de una tienda. Dirán que sí cuando les proponga salir y no tienen ese defecto de «solo quiero quedarme en casa» que tienen otros signos.

Veamos ahora los rasgos positivos y negativos de la personalidad de Capricornio.

Fortalezas de Capricornio

Trabajador

Este es uno de los rasgos más positivos de la personalidad de Capricornio. Son más diligentes y serios que cualquier otro signo del zodiaco. Las personas de este signo trabajan persistentemente en cualquier tarea que emprendan. Si les ponen deberes en la escuela, se aseguran de hacerlos bien. Si tienen que hacer un examen, trabajan duro para obtener la mejor puntuación posible. Si les encargan un proyecto en el trabajo, dedican mucho tiempo a que se lleve a cabo de forma eficiente.

Que un Capricornio nunca se rinda es una de las cosas más admirables que tienen. Incluso si no tienen talento natural para algo, su persistencia les da la oportunidad de hacerlo bien. Su actitud de «sí se puede» les basta para triunfar en la vida. Las personas de Capricornio siempre están dispuestas a aprender algo nuevo si creen que eso les acercará a sus objetivos. Por eso es importante no subestimar la tenacidad de los Capricornio.

Ambicioso

Las personas de este signo del zodiaco suelen tener objetivos muy elevados y son ambiciosos en la vida. Se fijan metas que se aseguran de poder alcanzar. Saben que el trabajo duro y el esfuerzo persistente les llevarán a donde tienen que estar. Este signo siempre está impulsado a mejorar. Quieren hacerlo mejor que ayer, y quieren hacerlo mejor que quienes les rodean. Esta ambición competitiva les hace seguir adelante en los días más difíciles.

Aunque tengan que dedicar muchas horas agotadoras, lo harán para conseguir lo que quieren. Esperan una recompensa material por su duro trabajo, que puede consistir en cualquier cosa, desde dinero hasta fama. Un Capricornio es uno de los mejores compañeros para tener en un proyecto escolar o laboral.

Responsable

Un Capricornio es también una persona muy responsable. Suelen ser mucho más maduros que otros signos de la misma edad. Abordan las cosas de forma disciplinada y pragmática. A los Capricornio les gusta ser organizados y tienden a seguir las reglas. Les gusta seguir el camino recto, aunque trabajen sin descanso para conseguir sus objetivos. Si un Capricornio comete un error, no tarda en aprender de este y reconocerlo. Aceptan sus errores y así superan estos obstáculos más rápido que la mayoría. También son muy fiables a la hora de recordar detalles importantes como las contraseñas.

Honesto

Los individuos de Capricornio no ven la necesidad de mentir. Es raro verlos ser deshonestos en algo. Si alguna vez mienten, lo reconocerán con la misma rapidez. Este rasgo positivo en un Capricornio es una de las razones por las que sus relaciones son muy fuertes. Hacen que su cónyuge o sus amigos confíen fácilmente en ellos, y se aseguran de mantener su confianza. No es un signo que engañe o mienta.

Calma

Es estupendo tener a un Capricornio de su lado durante una discusión. Siempre mantienen la calma y saben manejar la presión. Su naturaleza tranquila y analítica hace que sea difícil que alguien gane una discusión con ellos. Siempre pueden rebatir con hechos que ningún oponente puede negar. Saben protegerse a sí mismos y a los que les rodean manteniendo la cabeza fría en situaciones difíciles. Por eso también son buenos para dar consejos a otros que son más emocionales.

Debilidades de Capricornio

Pesimista

Aunque ser realista y tener los pies en la tierra es algo bueno la mayor parte del tiempo, debe tener un límite claro. Si es pesimista, solo conseguirá centrarse en todas las cosas negativas de la vida en lugar de las positivas. Por eso el pesimismo es una de las debilidades de Capricornio. Su actitud respecto a la falta de sentido les hace perderse a menudo de las cosas buenas. Les hace sentirse infelices e insatisfechos de la vida.

Los Capricornio parecen quedar atrapados en un ciclo negativo cuando se centran más en cómo se ven las cosas en lugar de cómo se sienten. Su constante necesidad de triunfar y de llegar a la cima les hace sentirse muy decepcionados cuando fracasan en algo. Su necesidad de perfeccionismo se aplica a todo en su vida. Adoptan una visión negativa de su futuro cuando tienen que afrontar algún fracaso o sienten que las cosas no son perfectas. Este abatimiento y pesimismo también tienen un efecto negativo en las personas de su entorno.

Adicto al trabajo

Ser trabajador es un rasgo positivo en Capricornio, pero lo llevan demasiado lejos y se convierten en adictos al trabajo. Para vivir una buena vida, tiene que haber un equilibrio entre el trabajo y el placer. Los Capricornio tienden a esforzarse hasta la extenuación. Están demasiado obsesionados con la perfección y el éxito, y se pierden muchas cosas en el medio. Se olvidan de tomarse un tiempo libre y de relajarse mientras persiguen sus sueños con toda su alma. Trabajar duro es una gran cualidad, pero convertirse en un adicto al trabajo juega mucho más en su contra que a su favor. Son demasiado duros consigo mismos y comprometen su bienestar mental y físico.

Terco

Capricornio es un signo conocido por ser extremadamente terco y por ser muy rígido. Aunque a este signo le gusta la diligencia y la ambición, le cuesta entender que no todo el mundo piensa igual. Por eso, a menudo tiene con los demás un nivel de exigencia imposible de alcanzar.

Los Capricornio son estrictos y valoran la tradición hasta el punto de que les resulta difícil aceptar cualquier cambio nuevo. Les cuesta abrir su mente a lo nuevo. Les resulta difícil mirar más allá de sí mismos, ya que siempre se centran en lo que es práctico y realista. La mentalidad obstinada de este signo hace que sea muy difícil que las personas de otros signos se lleven bien con ellos.

Cerrado

A un Capricornio le lleva tiempo abrirse a las personas. Son muy cautelosos y se encierran en sí mismos. No ceden tan fácilmente a las emociones como los otros signos, y esto puede ser difícil de tratar para su pareja. Los Capricornio tardan en confiar en los demás y en hablar libremente con ellos. Solo se vuelven expresivos con su pareja cuando están completamente seguros de la relación. Esto a menudo puede ser contraproducente y alejar a alguien que podría tener buenas intenciones. Ser tan precavido puede incluso dejarles sin nadie con quien hablar, lo que puede llevarles a la depresión con el paso de los años.

Aunque estos son rasgos generalizados de un Capricornio, siempre hay excepciones a la regla, pero estos puntos pueden ayudarle a entender mejor a la mayoría de los individuos de Capricornio. Lo mejor de Capricornio es que siempre está dispuesto a trabajar para mejorar sus debilidades si siente que eso le beneficia o le hace bien.

Capítulo 4: El niño Capricornio

Cada signo solar tiene una serie de rasgos de personalidad asociados. No solo en los adultos, también se aplica a los niños. Conocer los rasgos de su hijo en función de su signo solar puede facilitarle la crianza. Le ayudará a entender y predecir su comportamiento. También le facilitará el manejo de diferentes situaciones. Su hijo pertenece al décimo signo del zodiaco si nació entre el 21 de diciembre y el 21 de enero.

Leer un poco sobre su bebé Capricornio le será definitivamente útil en sus años de juventud. Incluso si no tiene un hijo, le ayudará a entender y tratar con cualquier niño Capricornio en su vida. Podría ser su sobrina, sobrino o incluso los hijos de sus amigos.

Rasgos de los niños Capricornio

Estos son los rasgos que la mayoría de los niños Capricornio suelen poseer:

Adaptables

Uno podría esperar que la mayoría de los niños tengan dificultades para adaptarse a ciertas situaciones, lo cual no se aplica a un niño Capricornio. Tienen una capacidad asombrosa para adaptarse a diferentes situaciones, y esto le quita mucha presión a sus padres.

Llevarlos a nuevos lugares, conocer gente nueva, pasar de los líquidos a los alimentos sólidos son procesos sencillos. Tampoco tendrán problemas para enseñarles a usar el orinal o los modales en la mesa. Conseguir que adquieran buenos hábitos, como hacer los deberes con regularidad, será pan comido. Es posible que, debido a su fuerte personalidad, no acepten las cosas a la primera, pero tardan poco en adaptarse.

Persistentes

Los niños Capricornio suelen ser subestimados. La gente se sorprende de lo que un niño Capricornio puede lograr cuando se lo propone. Puede que algo esté fuera de su alcance, pero si lo quieren, perseguirán su sueño hasta conseguirlo. No se dan por vencidos en las cosas que realmente les interesan o son importantes para ellos. Otra gran cualidad es que se aferran a sus principios, sin necesidad de decirlo en voz alta. No hacen concesiones en las cosas que consideran importantes.

Ambiciosos

Los niños Capricornio mantienen sus sueños en su corazón. Aunque parezca un sueño inalcanzable, no pueden dejarlo. Son ambiciosos y su persistencia les ayuda a conseguir sus sueños la mayoría de las veces, pero no comparten sus sueños o ambiciones con mucha gente. Solo en quienes confían o están cerca lo sabrán. Estos niños se esforzarán mucho para lograr sus objetivos.

Almas viejas

Los niños Capricornio no son conocidos por sus rabietas ni por su mal comportamiento. Suelen ser tranquilos y parecen comportarse bien. Verá que se comportan con mucha más madurez que otros niños de su edad. Por eso se les llama almas viejas en un cuerpo joven. Los padres con hijos Capricornio apenas tendrán problemas durante los años de crecimiento. Estos niños son tranquilos y sosegados. Además, se adaptan muy bien a los cambios y no se inmutan fácilmente ante situaciones imprevisibles.

Perfeccionistas

A los niños de este signo zodiacal les gusta la perfección. Verá que siempre terminan los deberes a tiempo y que mantienen sus libros y pertenencias en su sitio. Les gusta tener su habitación limpia y bien cuidada. Si lo hace con inteligencia, puede aprovechar este rasgo perfeccionista de su hijo, pero si se enteran de sus intenciones, es posible que quieran rebelarse.

Previsible

A medida que pase más tiempo con su hijo, notará patrones en sus hábitos y comportamiento. Es fácil predecir lo que hará un niño Capricornio en la mayoría de las situaciones. Si confía y se siente cómodo con usted, le compartirá sus pensamientos, pero si no puede generar confianza, puede ser difícil adivinar lo que pasa por su mente.

Siguen las reglas

Esta es otra razón por la que es más fácil educar a un niño Capricornio. Parece que tienen un respeto innato por las reglas. Cuando se les enseña lo que está bien y lo que está mal, seguirán estas normas. También tienen una buena intuición para juzgar lo que es correcto. Su profundo respeto por las normas a menudo les hace parecer conservadores cuando se convierten en adultos, pero a veces rompen las normas si la situación lo requiere. Si su hijo parece romper una norma, debe pedirle una explicación. Normalmente tienen una buena razón para hacerlo. Si piensa que ha cometido una falta, puede hacérselo entender utilizando un buen razonamiento y lógica. Esto ayudará a hacerle entender el punto a estos pequeños adultos.

Necesitan respeto

Los niños Capricornio tienen una gran necesidad de respeto. No les gusta que les falten al respeto. También tienden a pensar que tienen que demostrar su valía para ganarse el respeto y el amor. Por eso se esfuerzan por seguir las reglas y trabajar duro, pero es necesario que le diga a su hijo que merece amor y respeto, aunque no siempre salga victorioso. Demuéstrele que respeta sus metas y pensamientos, pero también debe hacerles saber a estos seres emocionales que serán amados a pesar de todo.

Los niños Capricornio en casa

Como ya se ha mencionado, los niños Capricornio son sabios sin importar su edad. Por eso hay que tratarlos de forma un poco diferente a otros niños promedio. Son serios, incluso a una edad muy temprana. Notará que hacen preguntas profundas que son más adecuadas para los adultos. También son bastante sensibles a la desviación de su rutina habitual. Es mejor no dejar a su hijo Capricornio con un adulto con el que no esté familiarizado. Esto suele salirse de su zona de confort. Puede ayudarle con esto paso a paso. Otra cosa que hay que tener en cuenta es que a los niños Capricornio no les gustan los ruidos fuertes. Se aconseja evitar someterlos a tales ruidos o dejarlos con extraños con demasiada frecuencia cuando son pequeños.

Cuando un niño Capricornio se interesa por algo, puede ser un poco obsesivo con ello. Si les gusta jugar con trenes, probablemente querrán leer todos los libros o ver todos los programas relacionados. Si le gustan los dinosaurios, no tardará en aprenderse los nombres de todas las especies. No se sorprenda si a menudo le pide que le lleve al museo en lugar de querer ir al parque de atracciones.

Cuando vea que su hijo se interesa tanto por algo, anímelo. Exprese su interés y apoyo por las cosas que le gustan. Esta es una de las mejores maneras de ayudarle a aprender desde niño. El aprendizaje siempre empieza en casa.

Al llegar la adolescencia, puede que vea a menudo que son críticos con usted o con los demás en casa, pero esto es solo porque tienen un fuerte sentido de lo que es correcto y de la justicia social. No tienen reparos en expresar sus diferencias de opinión sobre estos temas. Como padre, tiene que aprender a no tomárselo como algo personal.

En cambio, puede conectar con ellos mostrando interés por sus aficiones o intentando realizar actividades juntos.

Por ejemplo, si a su hijo adolescente le gusta leer, puede leer el mismo libro y debatir al respecto. Si le gustan ciertas películas, puede mostrar interés y pedirle recomendaciones. Estas son formas fáciles de conectar con los niños Capricornio. Es mucho menos probable que quieran hablar de sentimientos o pensamientos serios en aquel momento de su vida. Así que hay que trabajar para tender puentes.

Aunque actúan como pequeños adultos, también tienen una vena tonta. Intente sacarla mucho cuando son niños. Anímeles a jugar a menudo y a hacer cosas que les gusten en lugar de centrarse únicamente en las tareas escolares. Aunque lo académico es importante, también necesitan aprender otras cosas. En lugar de apuntarles a actividades o eventos competitivos todo el tiempo, ayúdeles a participar en los de colaboración.

Deben aprender a comunicarse y a socializar con otros niños. La mayoría de los niños Capricornio prefieren meter la nariz en un libro en lugar de correr con otros niños. Si no les ayuda a participar en actividades de grupo, pueden sentirse solos. Como padre o madre de Capricornio, tiene que darles espacio para crecer y fomentar todos sus intereses. Exprese su aprecio por las pequeñas cosas y no solo por las grandes victorias. Esto les ayudará a convertirse en adultos seguros de sí mismos. Sea expresivo con su amor y observe cómo se vuelve un Capricornio cariñoso y empático.

Niños Capricornio en la escuela

Verá que a su hijo le resulta fácil adaptarse cuando empieza el colegio. Aunque es normal que se sientan un poco incómodos los primeros días, pronto se acostumbrarán. No será difícil para usted ni para sus profesores ayudar a crear en ellos buenos hábitos de estudio. Verá que les gusta mantener sus libros ordenados y que, en su mayoría, tienen buena letra. No tendrá que limpiar su desorden, ya que les gusta mantener su escritorio y su habitación en buen estado.

Los niños Capricornio son ambiciosos y trabajan duro para conseguir sus objetivos. Estos buscadores pueden ser competitivos, por lo que será difícil consolarlos cuando las cosas no salen a su favor. Odian ver una mala calificación y no les gusta quedar últimos en nada. Hay que explicarles mucho y ayudarles a entender que no pasa nada por fallar a veces.

En general, les va bien en la escuela. Si muestran interés por una asignatura concreta, anímales a que la cursen. Puede que incluso se dediquen a ello cuando sean mayores. Cuando se fijan un objetivo, es casi imposible que cambien de opinión. Persisten en perseguir sus intereses hasta donde puedan.

A los niños Capricornio les gusta tener tareas que hacer y a menudo se vuelven desganados cuando están libres o se aburren durante demasiado tiempo. Ayúdeles a mantenerse ocupados con tareas escolares, juegos y otras actividades frecuentes. Esto les ayudará a aprender más y también le facilitará mantenerlos contentos.

Lo que necesita un niño Capricornio para prosperar y estar cómodo

Los niños Capricornio no son muy difíciles de criar, pero debe entenderlos y ayudarlos a sentirse queridos y cómodos. Como padre, es su responsabilidad aprender a ayudar a su hijo a prosperar en su entorno.

La constancia es importante para los niños Capricornio. Si bien hay que enseñarles a adaptarse a los cambios, también hay que evitar exponerlos a más de los que pueden soportar cómodamente. Intente no cambiarles de colegio con demasiada frecuencia. Puede ser difícil para ellos dejar atrás a sus amigos y hacer otros nuevos. Lo mismo ocurre con los cambios de casa. Les gusta la rutina con la que están familiarizados. La continuidad les reconforta. Los niños Capricornio suelen ser mejores para cumplir con los horarios que sus padres.

Ayude a su hijo a crecer con mucha naturaleza a su alrededor. Los Capricornio tienen una afinidad innata con la naturaleza. Si deja que su hijo salga al patio o a un parque, puede pasar fácilmente muchas horas divirtiéndose. La naturaleza les nutre. También es el lugar al que les gusta retirarse para pensar.

Estos niños son ambiciosos y prácticos, pero les encanta ser recompensados. Cuando lo hagan bien, recuerde recompensar sus logros. También hay que ser amable y consolarles cuando fracasan. Elogie sus pequeños logros de la misma manera que lo hace con los grandes. Enséñeles también el valor de las cosas con pequeños ejemplos. Dele una alcancía para que guarde el dinero de bolsillo que reciba. Enséñeles a gastar solo en cosas que necesitan o quieren en lugar de derrochar en cosas inútiles. De esta forma, adquirirá estos hábitos de niño y le irá mejor de adulto.

También debe enseñar a su hijo a ser flexible. Los niños Capricornio pueden ser testarudos, y no sacarán provecho de ver las cosas de una sola manera mientras crecen. Ayúdeles a comprender la importancia de ver las situaciones desde diferentes perspectivas. Enséñeles a actuar adecuadamente en diversas situaciones. Estar siempre en una sola posición puede inhibir su crecimiento.

Cómo entender a un niño Capricornio según su sexo:

Niñas Capricornio

Si tiene una hija Capricornio, es fácil notar que parece actuar y hablar como adulta desde una edad muy temprana. Nunca parece una niñita. Incluso cuando es una niña pequeña, la encontrará obstinada. Estas cabritas pueden embestir de frente cuando se las desafía. También aprenderá que estas niñas tienen dos caras.

Una niña Capricornio suele ser despreocupada y alegre, pero puede ser bastante triste verlas en su estado de ánimo melancólico. Pierden todo su espíritu de lucha cuando están decaídas. Tiene que prestarles mucha atención y colmarlas de amor en esos momentos.

Este lado melancólico de su hija Capricornio puede ser un poco difícil de tratar a veces, pero este es uno de los raros inconvenientes de su personalidad. Estos niños no son difíciles de levantar, y no son muy malhumorados. No tendrá que lidiar con rabietas por la cena o la ropa que les ha comprado. Comerán lo que se les sirva y se pondrán cualquier cosa que les dé. También les encanta organizar, así que consiga los juguetes que le ayuden a jugar de la forma que les gusta.

Como Capricornio, su hija necesita sentirse en control. Tiene que darle tareas que hacer para que pueda satisfacer esta necesidad. Apreciará tener una rutina establecida que seguir. Dele algunas tareas sencillas, incluso cuando crezca. El amor por la continuidad hace que las niñas Capricornio se desequilibren cuando hay una interrupción en la rutina. Pero tiene que ayudarles a superarlo para que puedan adaptarse bien cuando sean adultas.

También notará que su hija madura prefiere jugar con niños mayores que los de su edad. Le gusta conversar con los adultos o estar con ellos. Su nivel de comunicación suele estar por encima de los otros niños de su edad si son de otro signo solar. Cuando su hija encuentre un amigo que le guste, lo querrá de por vida.

Al jugar, verá que su hija prefiere los juegos con un propósito. En lugar de jugar a las escondidas, prefiere cultivar el jardín. En lugar de jugar en la arena, prefiere leer un libro. Un juego que la ayude a construir o crear algo sería más adecuado para ella.

Aunque a los niños Capricornio les va bien en la escuela, puede ver que a veces no cumple los plazos. Esto se debe a que a una niña Capricornio le gusta hacer las cosas a su propio ritmo y a su manera. Como es perfeccionista, puede tardar mucho en completar sus tareas. También será reacia a los regaños o a los recordatorios constantes para hacer las cosas. Tendrá que enseñarle a cumplir con los plazos, pero será más fácil hacer las cosas si la deja hacerlas a su manera.

En cuanto a los modales, las chicas Capricornio se comportan muy bien. Actúan con respeto y amabilidad hacia los demás. No tienen tendencia a mostrar arrogancia, por mucho que consigan. Son dignas de confianza y fiables. Es posible que le tome tiempo entrar en contacto con gente nueva, pero se abrirá completamente cuando lo haga.

Niños Capricornio

Si tiene un hijo Capricornio, debe recordar que necesita seguridad. No les gusta que se les falte al respeto ni siquiera a una edad temprana. Como padres, hay que mostrar la autoridad de forma respetuosa, pero firme, para que la reciban bien. Como son más maduros que otros niños de su edad, debe conversar de forma que les haga sentir que les trata como adultos. Si hace que la conversación sea simple, se lo tomarán de forma negativa.

Al igual que una chica Capricornio, su hijo también es un alma vieja. Pasará mucho tiempo pensando en descubrir sus objetivos personales en lugar de perder el tiempo. Mientras que un niño Capricornio es ambicioso y enfocado en sus objetivos, también presta la misma atención a su familia. Verá que puede alcanzar sus objetivos mucho más rápido que la mayoría de sus compañeros gracias a su seguridad.

Incluso cuando se enfrente a nuevos retos, mantendrá la calma y la compostura, pero odia que le ridiculicen o le malinterpreten. Esto hace tambalear el equilibrio de un niño Capricornio. A menudo puede afectarle durante semanas, por lo que es importante que los padres le ayuden a recuperar el equilibrio. Mostrar aprecio y atención en esos momentos es esencial para ayudarles.

Un niño Capricornio es bastante educado. Presta atención a la etiqueta y al buen comportamiento. Siempre trata de presentarse con pulcritud. Pero, aunque se vistan bien, es posible que perciba un cierto grado de inseguridad en ellos. Debe elogiarles un poco para devolverles su vacilante confianza. Muéstrele su aprecio por su aspecto cada vez que le vea hacer un esfuerzo extra.

También se dará cuenta de que a estos niños les gusta mantener su habitación o sus cosas ordenadas. A diferencia de la mayoría de los niños, no dejan sus calcetines o juguetes tirados por ahí. Les gusta hacer la cama y mantener todo en su sitio. Tienen su propio sentido del orden, así que evite mover sus cosas. Deje que creen su propia zona de confort. Tener en cuenta estas cosas le ayudará a criar a un niño Capricornio feliz en sus años de juventud.

Actividades adecuadas para los niños Capricornio

Un niño Capricornio es sabio sin importar su edad, y es por eso que disfrutan de estar cerca de los adultos. Su hijo apreciará tener conversaciones con ellos. También les gusta sentirse útiles para sus padres, así que no evite asignarles tareas sencillas incluso a una edad temprana. Aunque parezcan muy caseros, debe animarles a jugar con niños de su edad.

Si les lleva al parque infantil, a menudo verá que se quedan atrás en lugar de apresurarse a jugar con los demás. Como padre, debe ayudarles a salir de su caparazón. Fomente los juegos en grupo en el exterior. Además, evite los juegos demasiado competitivos. Un niño Capricornio es competitivo por naturaleza, y a menudo acabará llorando o enfadándose si no gana en esos juegos. En cambio, fomente juegos que permitan a todos mezclarse y disfrutar sin enfrentarse entre sí.

Los niños Capricornio se sienten fácilmente atraídos por los libros, así que haga lo posible por fomentar el hábito de la lectura. No deje que pasen demasiadas horas haciéndolo, ya que puede hacer que se conviertan en solitarios. Pero permítales descubrir el placer de la lectura a una edad temprana. Les ayudará a aprender mucho a lo largo de los años. Cuando sean niños pequeños o bastante jóvenes, elija libros que les ayuden a aprender una buena moral. Esto les ayudará a construir los cimientos de sus valores. Luego puede permitirles que exploren otros libros de su agrado a medida que crezcan.

Capítulo 5: Capricornio en el amor

Ahora llegamos a la parte que muchos lectores esperaban, Capricornio en el amor y las relaciones.

Si busca una relación a largo plazo, los Capricornio son la opción más sabia. Son comprometidos, confiables y fieles. Incluso si la relación es difícil, están decididos a hacer que funcione. Si usted es Capricornio o está en una relación con uno, le puede ser útil para aprender más acerca de Capricornio en el amor. Esto hace que sea más fácil trabajar en la relación y hacerla más fuerte con el tiempo.

El amante convencional

Prudente y leal

Van despacio y rara vez están dispuestos a lanzarse directamente a una relación. Se toman su tiempo para observar la situación y solo se involucran si les parece bien. Les gusta tener el control de todo en todo momento. Si sienten que no pueden confiar en alguien, nunca entablarán una relación con él. Pero cuando lo hacen, son leales y confían en su pareja de todo corazón.

Buenos para las finanzas

Este signo es ideal para alguien que busca una pareja económicamente estable. Este signo sabe manejar bien su dinero y es hábil con las finanzas. Por eso también se sienten atraídos por otras personas buenas con el dinero y trabajan duro para ganarlo. Muchos Capricornio eligen trabajar en bancos, como contadores o como directivos. Les gusta ser amigos o amantes de otras personas que también son inteligentes en cuestiones financieras.

Generosos y protectores

Hacen todo lo posible por proteger las cosas que llevan en su corazón. Esto se aplica a sus posesiones materiales y a las personas que aman. Estar en una relación con un Capricornio es genial, ya que quieren hacer todo lo posible para mantener la estabilidad y proteger a su pareja, incluso si es a un gran costo personal. Son dadivosos por naturaleza y no dudan cuando se trata de su pareja, pero su naturaleza protectora puede volverse un poco posesiva, y no todas las parejas pueden lidiar con ello. Los individuos que son despreocupados y atesoran su libertad encontrarán a los Capricornio demasiado restrictivos y se sentirán asfixiados. Sin embargo, las personas que quieren una pareja fiable apreciarán esta posesividad en su pareja Capricornio.

Controlador

Este signo es un líder natural, y no es porque quieran conscientemente ser dominantes o llamar la atención. Simplemente les gusta tener el control para poder hacer las cosas bien. Este rasgo controlador puede ser un inconveniente en una relación con personas que son más espontáneas, pero si su pareja es perfeccionista, a los Capricornio les resulta más fácil manejar las cosas.

Apasionados por su relación

Tardan en relajarse y sentirse libres con su pareja, pero su amor se hace patente cuando lo consiguen. Pero no se puede confundir la emoción con la pasión. Este signo nunca es emocional naturalmente. Evitan conscientemente cualquier emoción dramática y se niegan a dejar que las emociones les dominen. Puede ser frustrante para sus parejas, que normalmente tienen que rogar a los Capricornio para que compartan sus sentimientos. Pero si Capricornio está emparejado con una persona igualmente práctica, la relación puede ser muy sólida.

¿Cómo saber si un Capricornio está enamorado?

Los Capricornio rara vez tienen una personalidad coqueta. De hecho, encuentran poco atractivos los coqueteos. Su enfoque del romance es mucho más tradicional, y tienen un comportamiento más autoritario. Si usted está interesado en un Capricornio, por lo general tendrá que hacer el primer movimiento. Si el Capricornio también está interesado, se lo hará saber directamente, pero si no es tan directo, hay otras formas de saber si está interesado en usted.

- Tratarán de aprovechar todas las oportunidades posibles para acercarse a usted.
- Siempre son generosos con usted.
- Hacen planes en torno a usted y cambian sus horarios en consecuencia.
- Se esfuerzan por impresionarle.
- Intentan hacerse indispensables para usted.

No todos los Capricornio son comunicativos a la hora de dejar ver su interés. Lo hacen a través de sus acciones y esperan pacientemente para ver si la otra persona también está interesada.

Fortalezas de un Capricornio en una relación

Los Capricornio saben lo que quieren y también saben cómo conseguirlo. Van por la vida a su propio ritmo controlado y se mueven paso a paso. Los Capricornio escuchan más a su cabeza que a su corazón, y esto no siempre es bueno en las relaciones. Aunque la practicidad de Capricornio no es muy emocionante, les ayuda a hacer las cosas. Son tradicionales y siguen el camino trillado. Este signo es digno de confianza y fiable. Es el signo al que se puede acudir para pedir consejo.

A los Capricornio les causa incomodidad cuando sienten que las emociones son demasiado profundas en su relación. Por eso empiezan a distanciarse un poco para evitar el apego, pero son considerados y buenos amantes a pesar de ser muy tranquilos. Se toman su tiempo para hacer el amor como lo hacen con todo lo demás.

Desafíos de un Capricornio en una relación

Un desafío que la mayoría de los Capricornio enfrentan en una relación es que les resulta difícil expresar afecto a su pareja. Creen que hay un momento y un lugar para todo, y esto se aplica también al amor. No les gustan las demostraciones de afecto en público, pero esto podría ser algo que su pareja necesita.

Los Capricornio deben ser flexibles y tener en cuenta lo que su pareja necesita para sentirse valorada. Este signo solo podrá superar todas sus inhibiciones cuando encuentre a la pareja perfecta. Necesitan a alguien que les ayude a manejar mejor las emociones y a abrirse más.

Los Capricornio también tienden a guardar rencor durante mucho tiempo, y esto es algo que ninguna de sus parejas apreciará. Deben aprender a perdonar y olvidar. El perdón es un aspecto importante de una buena relación. Si el Capricornio sigue siendo obstinado en todo y se niega a ceder en cualquier discusión, es difícil mantener una relación feliz.

Salir con un Capricornio

¿Está enamorado de un Capricornio o tiene una relación con uno? Es totalmente comprensible que alguien se sienta atraído por este signo. Tienen belleza y cerebro y son el signo más ambicioso y trabajador de la lista del zodiaco, pero los Capricornio pueden ser esquivos cuando se trata de asuntos de amor. Debe saber esto si quieres salir con un Capricornio.

Este planeta recibe su nombre del titán que intentó seguir siendo gobernante comiéndose a su descendencia, y es por ello que Saturno está vinculado a los problemas con los padres con bastante frecuencia. Pero en un tono más serio, la órbita de 29,5 años de Saturno significa la verdadera edad adulta para un Capricornio de veintitantos años. Este es el punto en el que Saturno vuelve a la misma posición en la que se encontraba en el momento del nacimiento de un Capricornio.

El retorno de Saturno es el momento en que se convierte en su verdadero yo y adquiere el control de su vida. Le da todo el amor duro que viene de la mano de la edad adulta. Pero la intensidad de Saturno le es desconocida por Capricornio. Por eso las personas de este signo se sienten obligadas a trabajar muy duro desde muy jóvenes. Piensan que deben ser responsables en todo momento de la vida. Esto les ayuda a desarrollar una gran ética de trabajo, y esto se puede ver en muchas personalidades destacadas como Michelle Obama y Greta Thunberg.

La resistencia de un Capricornio es a menudo lo que les define. El signo de la Cabra de Mar que puede navegar por tierra y agua puede superar cualquier obstáculo en su vida. Los Capricornio viven su vida con el panorama general en mente, y nunca dejan que nada, ni nadie se interponga en su camino. Para salir con este signo, tiene que recordar esto. Aunque tengan los mismos sentimientos que usted, su sentido práctico les hará elegir lo mejor para sus objetivos.

Los Capricornio son excelentes por naturaleza en las relaciones laborales, pero esto no se aplica a sus relaciones personales. Eligen a compañeros que parecen ser perfectos en lugar de tomarse el tiempo necesario para ver si realmente encajan. También utilizan sus estrategias empresariales para navegar por sus relaciones. Los Capricornio tienen una visión premeditada acerca de quién sería la pareja perfecta para ellos, y esto los deja decepcionados al final.

Alguien que tiene buen aspecto y gana bien no es necesariamente la pareja adecuada si solo se le elige con base en estas credenciales, pero Capricornio aprenderá esto por las malas. Cuando encuentran la pareja adecuada, los Capricornio pueden acceder a la verdadera intimidad emocional.

Cuando un Capricornio está en una relación, se compromete completamente. Los Capricornio no se comprometen con alguien a menos que lo hagan en serio. Cambian su horario para acomodarse a su pareja y esperan lo mismo de ella. Los Capricornio tienden a tener una conexión muy tangible y física con su pareja. En una relación, necesitan pasar tiempo de calidad juntos. Los Capricornio están muy orientados al trabajo y quieren a alguien en quien puedan confiar. Necesitan una pareja que les dé estabilidad y seguridad.

Si sale con un Capricornio, también tiene que recordar que tienen una gran capacidad de memoria. Si le dice algo una vez a un Capricornio, siempre lo recordará. Incluso si se trata de un comentario fuera de lugar, deja una profunda impresión en ellos. Esta cualidad tiene inconvenientes y aspectos positivos. Significa que son muy buenos recordando cumpleaños o aniversarios. Pero también significa que se acordarán de cualquier cosa hiriente que les diga.

Este signo de tierra tiene un nivel de exigencia muy alto y nunca está dispuesto a conformarse con menos de lo que considera lo mejor. A los Capricornio les atraen las personas ambiciosas y resistentes como ellos. También se sienten atraídos por quienes tienen habilidades de las que ellos mismos carecen. Así que, si quiere impresionar a un Capricornio, ponga sus habilidades a la vista para que se den cuenta. Les encantan los retos y aprecian lo mejor de los demás. Pero haga lo que haga, intente no defraudar nunca a un Capricornio.

No haga una promesa para romperla. No subestime lo que les dice. Incluso si tiene la intención de hacer algo, supere sus expectativas y sorpréndalos haciendo más de lo que dijo que haría.

Compatibilidad

Capricornio no es un signo muy romántico y es más conocido por ser leal, honesto y serio. Tienden a estar muy centrados en los negocios y no prestan mucha atención al placer, pero si encuentran la pareja adecuada, los Capricornio pueden ser muy devotos y dedicados a la relación.

En cuanto a la compatibilidad, hay que entender que las personas de este signo siempre tendrán en cuenta los aspectos prácticos, aunque se enamoren de alguien. Algunos dicen que la ubicación influye en las relaciones con los diferentes signos de la rueda del zodiaco. Si bien la compatibilidad de Capricornio se explica con más detalle en la siguiente sección, aprendamos un poco sobre las mejores y peores parejas para este signo.

Las mejores parejas para Capricornio

Estos signos son altamente compatibles para una pareja de Capricornio:

Tauro

Capricornio es muy adecuado para Tauro, ya que ambos tienen los pies en la tierra y son prácticos. Estos signos de tierra dan la misma importancia al bienestar material y por ello pueden entenderse. Son una pareja equilibrada con similitudes y diferencias. Sus similitudes les facilitan la relación, mientras que sus diferencias les ayudan a equilibrarse mutuamente.

Capricornio es muy trabajador y ambicioso y suele renunciar al placer por el trabajo. Tauro disfruta mucho más de la vida y a menudo puede volverse perezoso. Mientras que Tauro ayuda a Capricornio a relajarse un poco, Capricornio motiva a Tauro a trabajar más. Tauro también es experto en sacar la sensualidad de un Capricornio cuando están en una relación.

Virgo

Este es otro signo excelente para que Capricornio se empareje con él. Virgo también es un signo de tierra como Capricornio. El hecho de compartir el mismo elemento entre estos signos permite que su relación sea armoniosa. Técnicamente, la relación entre Virgo y Capricornio debería ser tan agradable como la de Tauro, pero esta pareja en particular puede tener un poco más de tensión entre ellos, ya que Virgo tiene más energía nerviosa. En una relación con Tauro, este asume un papel estabilizador para Capricornio. Pero con Virgo, Capricornio es la pareja estabilizadora.

A pesar de ello, Capricornio y Virgo pueden apoyarse mutuamente y equilibrar las cosas. Mientras que Capricornio ve el panorama general y establece objetivos a largo plazo, a Virgo se le dan mejor las tareas a corto plazo y se ocupa de los detalles. Esta pareja tiene una gran relación romántica, pero también tendrán éxito si trabajan juntos en los negocios.

Escorpio

Capricornio y Escorpio son similares en ciertos aspectos. Ambos son bastante serios y son buenos estrategas, pero a ninguno de los dos les gusta entablar conversaciones triviales y ambos priorizan el trabajo sobre el placer. Pueden parecer muy similares para alguien que mira desde fuera. En una sociedad de negocios, esta pareja puede ser bastante formidable.

Un aspecto de esta pareja es que ambos se sienten completamente cómodos el uno con el otro. Esto no se debe solo a que su relación sea estupenda; lo es, y sus diferencias solo la equilibran. El profundamente apasionado Escorpio hace buena pareja con el aparentemente insensible y pragmático Capricornio. Capricornio aporta estabilidad a la relación, mientras que Escorpio ayuda a suavizar a Capricornio.

Cáncer

Piscis tiene, técnicamente, mejor compatibilidad con Capricornio que con Cáncer, pero por naturaleza, estos signos opuestos son grandes compañeros el uno para el otro. El valor que dan a la vida familiar es una de las razones por las que esta pareja opuesta funciona bien junta. Toda la familia debe participar en la realización de las tareas del hogar, y todos deben interactuar adecuadamente con la gente fuera de su pequeño mundo. Capricornio y Cáncer simbolizan esta polaridad. Estos conceptos se conocen como Ágora y Hestia en la filosofía griega.

En la mayoría de las culturas, están ligados a roles de género específicos. Aunque está cambiando mucho en los últimos tiempos, los roles de género están muy arraigados en la sociedad tradicional. Por eso el matrimonio entre un hombre de Capricornio y una mujer de Cáncer es bastante tradicional por naturaleza. Pero para un hombre Cáncer y una mujer Capricornio, habrá una inversión natural de los roles. Este emparejamiento particular tendrá éxito solo si ambos se sienten cómodos navegando a través de las consecuencias sociales.

Las peores parejas para Capricornio

Ahora veamos los signos menos compatibles:

Leo

Una relación con un Leo será la más difícil para un Capricornio. Siempre habrá una sensación de competitividad en la relación, ya que ambos quieren ser líderes y son extremadamente diferentes entre sí. Leo es un signo de la realeza, independientemente de su estatus social o de su procedencia. Una persona de este signo siempre anhelará la admiración y la atención. Su principal motivo como líder es simplemente brillar; no solo quieren estar a cargo de hacer las cosas.

A los Capricornio les gusta ser líderes porque necesitan que las cosas se realicen. No tienen el mismo instinto que un Leo e incluso pueden encontrarlo poco atractivo. Leo, por su parte, puede encontrar a Capricornio aburrido y soso. Es raro ver una relación entre ambos, ya que rara vez se sienten atraídos el uno por el otro.

Aries

Del mismo modo, existe la cuestión de una lucha de poder con un Capricornio y un Aries, pero un Capricornio puede encontrar un Aries atractivo, a diferencia de su visión general de Leo. Hay un aspecto de cuadratura entre Aries y Capricornio que causa fricción, pero este cuadrado también conduce a una gran tensión sexual entre los dos. Cuando escucha una historia sobre dos personas que se odian al principio, pero acaban juntos, suele ser una en la que está presente esta cuadratura.

Aries y Capricornio quieren estar a cargo de la relación. A ambos signos les gusta hacer las cosas, pero tienen diferentes maneras de hacerlo. Los Aries no piensan mucho antes de lanzarse a un proyecto. Tienen mucha energía al principio del proyecto, pero rara vez pueden mantenerla a lo largo del mismo. A los Capricornio les gusta tomarse su tiempo y siempre piensan antes de hacer algo. Cuando empiezan un proyecto, quieren llevarlo a cabo. Este es el tipo de diferencias que hacen que su relación sea volátil.

Libra

Capricornio también tiene una relación de cuadratura con Libra, pero es una relación comparativamente menos volátil. Esto se debe a que a Libra le gusta evitar los conflictos en la medida de lo posible. Las parejas de estos dos signos se sentirán atraídas la una por la otra, pero también se molestarán constantemente. Un Libra no compite con un Capricornio como lo haría con un Leo o un Aries, pero no les gusta ceder el control, aunque al principio no lo parezca.

Las personas de este signo son buenas para conseguir lo que quieren sin mostrar una necesidad externa de control. Su gracia social encanta a la gente de la mayoría de los otros signos, pero esto no funciona con un Capricornio. Su aproximación indirecta solo molestará a un Capricornio, y la franqueza de este es frustrante para un Libra.

En la siguiente sección, aprenderá más sobre la compatibilidad de Capricornio con otros signos del zodiaco.

Capítulo 6: Compatibilidad de Capricornio con otros signos del zodiaco

La compatibilidad es otro detalle a tener en cuenta cuando se trata de diferentes signos del zodiaco. Esto es especialmente importante para las relaciones amorosas. Comprender la compatibilidad de un Capricornio con otros signos le ayudará de muchas maneras. Puede utilizar este conocimiento para evitar relaciones con ciertas personas cuyas personalidades y pensamientos chocarán totalmente con los suyos.

También puede servir para prever las probabilidades de que su relación con una determinada persona influya positivamente en su vida. La dinámica entre un Capricornio y cualquier otro signo del zodiaco es única a su manera. Mientras sigue leyendo, puede pensar en su relación con alguien de un determinado signo del zodiaco e inferir si le parece verdadera la información que se presenta aquí.

Capricornio y Aries

Compatibilidad sexual e intimidad

Cuando se trata de la compatibilidad sexual, las cosas son difíciles para esta combinación de signos del zodiaco. El regente de Aries es Marte, mientras que el de Capricornio es Saturno. Estos planetas suelen considerarse opuestos arquetípicos y enemigos kármicos. El contacto de Marte con Saturno puede dar lugar a muchos obstáculos objetivos y físicos para una relación sexual sana. Saturno ejercerá mucha presión sobre Marte y le restará energía.

La relación entre una pareja de Capricornio y Aries carecerá de deseo sexual. Se producirá un sentimiento de incompetencia e incluso puede causar impotencia en una o ambas partes. Una relación entre Aries y Capricornio suele ser desencadenada por una necesidad inconsciente de restricción o contención sexual, pero como en la mayoría de las cosas relacionadas con Capricornio, el individuo Aries podría, con el tiempo, lograr algún tipo de equilibrio. A pesar de las dificultades en su relación, podrían encontrar satisfacción sexual hasta cierto punto, pero en el momento en que esto ocurra, la pareja Capricornio podría perder su necesidad y energía para participar en las relaciones íntimas.

Por ello, estas relaciones tienden a terminar. La combinación de estos signos no es fácil ni ligera en absoluto y es especialmente difícil en cuestiones de intimidad. La separación es la mejor manera de que vuelvan a encontrar el equilibrio. Una pareja con esta combinación zodiacal puede sentirse atraída por el otro, pero normalmente debe mantenerse a una distancia prudencial debido a sus diferencias.

En el mejor de los casos, la pareja Capricornio puede controlar su pasión y apoyar la libido del ariano. La pareja Aries podría aprender mucho sobre su cuerpo y sus necesidades de su pareja Capricornio, pero este equilibrio rara vez se logra, y estas dos personalidades inevitablemente chocan de una manera u otra.

Confianza

Los individuos Aries y Capricornio son del tipo «todo o nada». Confiar en el otro les resultará fácil. Aunque tengan muchas dificultades y malentendidos en otros aspectos de su relación, ninguno traicionará la confianza del otro. Pero también tienden a dar por sentada esta confianza. Pueden perder de vista las cosas que deberían atesorar en su relación. Por eso, uno de los miembros de la pareja debe recordar siempre al otro las cualidades de su vínculo que deben ser apreciadas.

Comunicación e intelecto

Capricornio exalta al regente de Aries, Marte. Por eso, Capricornio y Aries deben limitarse a conversaciones sobre el trabajo, los objetivos profesionales, las actividades físicas o los logros. Aparte de estos temas, estos dos signos no tienen puntos en común. Un Capricornio rara vez permitirá que su impulsiva pareja Aries forme sus propias opiniones. No consideran que sus opiniones sean prácticas o útiles. Suelen considerar que el comportamiento de su pareja Aries es bastante inaceptable, aunque respetan la energía empleada.

Los individuos de Capricornio tienen los pies en la tierra y, por lo tanto, pueden medir las situaciones racionalmente. Esta racionalidad hace que se aferren a su opinión sobre la falta de tacto o la idiotez de Aries, lo cual puede ser extremadamente difícil de manejar para la pareja de Aries, ya que tienen una fuerte necesidad de ser respetados y de tener ciertos límites.

Aries, por otro lado, carece de paciencia con su pareja Capricornio. Le parece que solo quiere personas que sean útiles en su vida y que, por lo demás, es aburrida. También parece carecer de emociones y compasión. De una forma u otra, ambos miembros de la pareja estarán siempre mal. Estarán atrapados en una interminable batalla de egos y serán incapaces de entender lo que realmente necesitan de su pareja; pero puede ser difícil para ellos salir de esta relación, a pesar de las posibilidades de encontrar mejores relaciones en otros lugares.

Emociones

Capricornio y Aries siempre tendrán dificultades para entenderse. Al principio, ambos miembros de la pareja se verán como un objetivo fijado. Pensarán que su pareja puede cambiar y crecer si se esfuerza, pero el problema de los individuos de estos dos signos es que no tienen ningún deseo de cambiar.

A pesar de sus expectativas poco realistas del otro, se aferran a la imagen de la persona que creen que su pareja podría llegar a ser. Por eso hay una aparente falta de entendimiento entre estos individuos. Solo están enamorados de la falsa imagen de su pareja que han creado. Malgastan su energía y sus esfuerzos en perseguir el cambio que quieren ver. Existe una incapacidad emocional en la relación entre estos signos zodiacales de Saturno y Marte, pero el problema no es realmente la falta de emociones. El verdadero problema es la falta de aceptación y comprensión. Tienen su propia opinión de lo que es correcto y perfecto y son demasiado estrechos para ampliar estos horizontes conceptuales. Por eso no pueden aceptar a su pareja tal y como es, sino que quieren ver cambios.

Valores

Tanto Capricornio como Aries valoran la claridad, la honestidad y la independencia. Por eso, sus valores nunca son un problema que provoque conflictos en su relación. Cuando se trata de cómo ven a las personas fuera de su relación, suelen estar sincronizados. Pueden tener problemas en su propia relación por no compartir ciertos valores. Aunque un ariano puede valorar la resistencia y la persistencia en otra persona, no necesariamente quiere desarrollar estas cualidades para sí. Tampoco quieren ser controlados por alguien con esas características.

Del mismo modo, los Capricornio pueden valorar la concentración y la velocidad de su pareja, pero no es necesariamente algo que quieran para sí. Estas cualidades obstaculizarían su capacidad de prestar atención a los detalles o harían que sus necesidades psicológicas quedaran desatendidas.

Actividades compartidas

A los individuos de Aries les encanta levantarse temprano y hacer ejercicio, pero los Capricornio nunca podrán entender esa necesidad de correr a las cinco de la mañana. Los Capricornio, por otro lado, pueden pasar toda la noche haciendo algo aburrido, pero los Aries nunca podrán entender el valor de esta minuciosidad. Ser estudioso solo tiene valor para el individuo de Capricornio, mientras que a Aries le encantan los resultados del esfuerzo físico en su rutina.

Este último es bastante impulsivo, mientras que el primero necesita sopesar las cosas antes de actuar. Ambos tienen dificultades para comprender los valores del otro, pero ambos pueden encontrar actividades en las que podrían disfrutar participando juntos. Ambos individuos aprecian el valor de la rutina y de mantener su cuerpo en forma. Esto significa que pueden encontrar un momento del día que sea adecuado para que ambos hagan ejercicio, juntos. Para los dos miembros de la pareja sería motivador y edificante realizar este tipo de actividades juntos en el día a día. Participar en estas actividades compartidas puede ser muy útil para mejorar la relación entre ambos. También les permitiría entenderse mejor.

Una relación entre Capricornio y Aries nunca será fácil. Siempre competirán entre sí y no se sabe quién saldrá ganando. La separación es el único momento en el que encontrarán alivio, pero si permanecen juntos por terquedad, se pasarán la vida dándose cabezazos contra la pared. Su relación solo puede ser un éxito si ambos están dispuestos a respetarse incondicionalmente y dejan de intentar cambiar lo que no les gusta. Si deciden prestar atención a lo bueno de su pareja en lugar de resaltar sus defectos, podrán complementarse de verdad. Por desgracia, sus regentes tienen una naturaleza maléfica que impedirá esta relación de aceptación positiva. Si las personas con esta combinación zodiacal se juntan alguna vez, deberán hacer lo posible por dejar que su pareja viva como le gusta y aceptar sus diferencias.

Capricornio y Tauro

Compatibilidad sexual e intimidad

Cuando se trata de relaciones sexuales, Capricornio y Tauro pueden ser bastante frígidos. Por eso son la pareja perfecta. Cuando se asocian con otros signos, les cuesta abrirse. Por eso sienten la necesidad de experimentar más. En este tipo de relaciones, los Capricornio se muestran ingeniosos en el sexo, pero cuando un Capricornio se asocia con un Tauro, son capaces de relajarse más. Esta pareja puede llegar a conocerse mejor y por lo tanto puede encontrar la comodidad en su relación.

Capricornio no sentirá que tiene que hacer un esfuerzo extra, y Tauro dejará de temer las posibilidades de salir herido. La identificación del origen del problema en esta relación íntima radica en la comprensión de la luna. Tauro exalta la luna mientras que a Capricornio no le gusta. Si la pareja Capricornio tiene problemas de confianza o no se enamora profundamente del Tauro, puede impedir una conexión emocional entre ellos. Este problema se intensificará aún más porque los Tauro tienen la necesidad de ser amados de manera incondicional. Esto puede ahuyentar a su amante Capricornio.

La brecha entre los individuos de esta combinación zodiacal se debe a sus diferentes enfoques del amor y los instintos sexuales. Capricornio apoya a Marte y prefiere la fuerza física con iniciativa. A Tauro le cuesta entender a Marte y no le gusta la agresividad ni la iniciativa. Esto puede causar una falta de emociones para el Capricornio en su vida sexual y conducirá a la frustración para el Tauro. Incluso puede causar impotencia y llevar a la falta de deseo en su relación. Si no se aferran a la intimidad en sus relaciones sexuales, puede causar problemas para esta combinación de signos.

Confianza

Los individuos Capricornio nunca se entregan a la mentira ni la toleran de los demás. Consideran que las mentiras son innecesarias, pero no las juzgan. Cuando un Capricornio miente, suele ser solo para ver si la otra persona puede captar su mentira, pero en las relaciones, los Capricornio prefieren la honestidad total. Quieren que las cosas sean verdaderas y limpias con su pareja. Esto es algo que su pareja Tauro puede sentir, y les permite sentirse seguros en la relación.

Mientras que un Tauro a veces puede sentir la necesidad de mentir a su pareja para ocultar ciertas cosas, no es el caso cuando se asocian con un Capricornio. Venus rige el signo de Tauro y está exaltado en Piscis. Por eso entienden que el secreto es importante en las relaciones. Pero cuando están con un Capricornio, pueden ser fieles a su amor y tener una buena relación durante mucho tiempo.

Comunicación e intelecto

Capricornio y Tauro son diferentes por naturaleza, pero son capaces de entenderse bastante bien. También alientan a su pareja a crecer en la forma que necesitan. Mientras que las diferencias pueden causar problemas para algunas combinaciones, aquí los hace la pareja perfecta. Tauro y Capricornio se complementan de forma sutil, pero agradable.

Tauro está dotado de un profundo conocimiento de la luna, algo de lo que carece Capricornio. El temor a las emociones puede hacer que se descuiden las necesidades emocionales. Tauro se encarga de enseñar a su pareja Capricornio la importancia de ser amable con uno mismo. Capricornio contribuye a la relación enseñando a Tauro sobre la responsabilidad y el trabajo hacia los objetivos sin distraerse por las emociones.

La comprensión no siempre es fácil para esta pareja, pero puede superarse con compasión y empatía. Si se esfuerzan un poco, esta pareja puede apoyarse mutuamente mejor que cualquier otra combinación de signos. Ambos son signos de tierra, y si reconcilian sus diferencias, pueden crear magia juntos.

Emociones

Estos dos signos del zodiaco tienden a ser precavidos en cuestiones de amor. Por eso no se puede decir con certeza si pueden encontrar la plenitud emocional juntos. Si comienzan una relación, deberán superar este patrón. El Tauro puede sentir que no hay una buena conexión emocional en esta relación, pero será lo contrario para el Capricornio, que apreciará a su amante Tauro.

Cuando el Tauro pueda profundizar lo suficiente y llegar al núcleo emocional del Capricornio, experimentarán una satisfacción inconmensurable. En este punto, ninguno de los dos querrá separarse nunca más. El Capricornio sentirá que su corazón ha sido finalmente alcanzado, y hará todo lo posible para no dejar ir a su pareja Tauro.

Valores

Ambos signos valoran el mundo material y pueden llegar lejos juntos. A los Capricornio se les da bien liderar el camino hacia el éxito y alcanzar la seguridad financiera. A Tauro se le da bien motivar y crear. Independientemente de sus objetivos, juntos les resultará fácil alcanzarlos. El único inconveniente son sus visiones de la familia y las emociones. Las diferentes facetas de las personalidades deben observarse como complementarias y no destructivas. Esto les permitirá coexistir pacíficamente.

Actividades compartidas

Los Capricornio parecen no parar de trabajar, mientras que los Tauro pueden parecer perezosos. Capricornio necesita descansar más que cualquier otro signo del zodiaco. Como son muy ambiciosos, tienden a agotar sus reservas de energía, y Tauro les ayuda a restablecerla. Ayudan a su pareja Capricornio a comer y vivir bien al tomarse un descanso del trabajo. La naturaleza esforzada de la pareja Capricornio también puede ser motivadora para los Tauro. Les ayuda a superar su tendencia a la pereza y a trabajar para crear algo. Juntos, esta pareja puede lograr mucho. Solo tienen que encontrar un equilibrio entre el trabajo y el descanso.

La relación entre un Capricornio y un Tauro puede ser muy profunda y casi inalcanzable para otros signos en términos de poder creativo. Son complementarios de una manera tranquila. Mientras que otros pueden considerarlos aburridos, ellos viven juntos una vida emocionante lejos de los ojos del mundo exterior. La pareja Tauro puede motivar al Capricornio para que persevere, mientras que este puede enseñar al Tauro a conseguir lo que quiere. Pueden trabajar duro y formar una familia feliz juntos. Esta asociación puede causar un vínculo inquebrantable, especialmente si pueden conectarse emocionalmente.

Capricornio y Géminis

Compatibilidad sexual e intimidad

Según Capricornio, el sexo no requiere muchas palabras. Pero a un Géminis le gusta explicar cada posición y tiene conocimientos del *Kamasutra*. A este último también le gusta el sexo al aire libre. Cuando estas dos personas se juntan, a veces puede ser insoportable verlas. Sus filosofías sexuales difieren completamente entre sí, y esto dificulta la acción.

Si quiere que un Capricornio experimente con su vida sexual, tiene que trabajar para abrir su mente y conseguir que se relaje. Para el Capricornio, estar con un Géminis es como cuidar a un niño que sin duda causará problemas. Esto es lo que le parece al Capricornio, aunque no siempre sea cierto. Mientras que los Géminis no se lo piensan dos veces antes de entregarse a las actividades sexuales en cualquier lugar y momento, el Capricornio tradicional se siente mucho más responsable de sus actos.

Los Capricornio y los Géminis rara vez se sienten atraídos el uno por el otro, pero las relaciones sexuales siempre son posibles. Cuando ocurre, Géminis siempre encontrará al Capricornio demasiado rígido y poco creativo. El Capricornio encontrará al Géminis demasiado poco convencional. La relación entre estos dos signos es divertida porque ambos se encuentran aburridos. Mientras que la mayoría de la gente encuentra a los Géminis divertidos e interesantes, su falta de emociones profundas y de concentración es un factor de rechazo para los Capricornio. Por eso es mejor evitar las relaciones sexuales entre ambos. Si se da el caso, tendrán que establecer muchos límites y ser creativos para que funcione.

Confianza

Normalmente, no es fácil engañar a un Capricornio. Los Géminis suelen ser bastante coquetos y encuentran aceptable participar en lo que consideran un adulterio ligero, pero los Capricornio, que nunca se entregan al adulterio, no comparten este punto de vista. Necesitan poder confiar plenamente en su pareja y necesitan límites claros sobre lo que está bien y lo que está mal. Confiarán en su pareja Géminis debido a la profunda confianza que otorgan a su pareja de todas formas, pero solo confiarán en su propia interpretación de la verdad.

Los Géminis no se plantean mucho sus habilidades, mientras que los Capricornio siempre van un paso más allá. Por eso es fácil para los Capricornio leer a un Géminis. Pueden saber fácilmente cuando el Géminis está mintiendo o descubrir lo que han estado haciendo. En cambio, a Géminis le resultará muy difícil leer a un Capricornio o pillarlo en una mentira porque confía plenamente en él.

Comunicación e intelecto

A Géminis se le da muy bien comunicarse con los demás. Pueden resolver todo tipo de asuntos hablando con la gente, pero esta habilidad de un Géminis tiene poco valor para un Capricornio. Piensan que la mayoría de las cosas de las que habla el Géminis carecen de importancia, pero estos compañeros pueden seguir teniendo conversaciones, ya que los Géminis tienen su lado serio que resuena con la personalidad de un Capricornio.

Aunque Capricornio es el tipo de signo más difícil y estricto para tratar, Géminis comparte cosas en común. Lo mejor de los Géminis es que parecen ser capaces de hablar de todo lo que hay bajo el sol. Si un tema determinado les aburre, encontrarán otra cosa de la que hablar. Los Capricornio prefieren hablar de cosas que tienen un significado más profundo. Buscan el significado oculto de las cosas y admiran a los que saben descubrirlo. No se centran tanto en los detalles como un Virgo, pero aun así pueden pasarse la vida analizando esas cosas.

A los Capricornio les gusta averiguar la lógica que hay detrás de las cosas más pequeñas, y Géminis puede darles toda una lista de esas cosas para analizar. Mientras haya respeto mutuo y los dos individuos no juzguen al otro como alguien aburrido o estúpido, la relación puede ayudarles a entender mejor el mundo.

Géminis puede beneficiarse de la naturaleza segura y estable de un Capricornio que le enseñará a organizar mejor sus pensamientos y acciones. Un Capricornio ayudará a un Géminis a dar un paso adelante en sus pensamientos y a mejorar la gestión de su tiempo. Los Capricornio pueden beneficiarse del enfoque infantil que Géminis tiene hacia la vida. El Capricornio serio puede aprender esta cualidad de un Géminis para ayudarle a vivir una vida más feliz.

Emociones

Ambos signos no son muy emocionales, ya que Saturno y Mercurio los rigen. El verdadero problema es que estos signos no despiertan emociones entre sí. Cuando se juntan, parecen ser inmunes al encanto del otro, pero si estos signos se asocian con cualquier otro signo que no sea demasiado emocional, se sentirán despiertos. Es muy poco lo que une a un Capricornio con un Géminis. La principal conexión emocional entre ellos radica en los pensamientos oscuros de Géminis y la distancia emocional que tiene un Capricornio.

Valores

Cualquier información, independientemente de su forma, es valiosa para un Géminis. Aprecian la capacidad de una persona para ser creativa con sus manos, para hablar con elocuencia, e incluso cómo alguien pone en práctica sus diversas ideas. Para un Capricornio, las cosas que tienen valor son la puntualidad, la estabilidad y la honestidad. La independencia de estos signos es atractiva para ambos, pero no hay mucho más que coincida en su mundo.

Actividades compartidas

Los motivos de un Géminis y un Capricornio difieren enormemente. Los Capricornio aprecian las cosas útiles. Por eso solo les gusta participar en actividades que sean útiles de alguna manera. No disfrutan de un paseo solo porque sí. Pero si eso significa que van a vivir más saludablemente o si les permite llegar a un destino específico, pueden caminar kilómetros.

Un Géminis puede caminar sin un propósito. No necesitan saber dónde pueden acabar. Son espontáneos y no necesitan seguir un camino. Pueden salir a comprar comida y acabar en el cine. Mientras que a Capricornio le gusta la dedicación y la rutina, a Géminis le encanta aprender cosas nuevas. Aquí es donde ambos tienen una conexión en la resolución de problemas y el aprendizaje constructivo. A pesar de esto, suelen caminar en direcciones diferentes en la vida.

Emparejar a un Capricornio con un Géminis daría lugar a una combinación extraña. Ambos desean las cualidades que el otro posee, pero no logran reconocerlas en su pareja cuando están juntos. Géminis busca una persona que le mantenga con los pies en la tierra y le aporte profundidad a su vida. Un Capricornio puede hacer esto, pero el Géminis solo lo verá como alguien aburrido e inamovible. Los Capricornio buscan a alguien que les ayude a relajarse un poco y a encontrar la alegría en la vida.

Los Géminis pueden hacer esto, pero parecen superficiales e incontrolables para el Capricornio. Si superan sus inhibiciones y prejuicios, esta asociación podría ser valiosa para ambos. Sus diferencias pueden ayudarles a aprender mucho el uno del otro. Puede permitirles alcanzar cualquier objetivo que se propongan. Pero esto solo es posible si se abren completamente y aprenden a reconocer lo bueno del otro.

Capricornio y Cáncer

Compatibilidad sexual e intimidad

Capricornio y Cáncer son un caso de signos opuestos que traen consigo una fuerte atracción. Sus pasiones se despiertan cuando se juntan y pueden ser los amantes perfectos el uno para el otro. Cáncer necesita la paciencia que tiene un Capricornio, ya que le permite relajarse y sentirse sexy. Los Capricornio aprecian el hecho de que Cáncer no se tome las relaciones sexuales a la ligera y actúe con fidelidad a sus emociones.

Las personas Capricornio pueden haber tenido muchas parejas a lo largo de los años, pero solo se quedan con alguien que es emocional y orientado hacia la familia. La intimidad que le falta a Capricornio es exactamente lo que aporta Cáncer. Al signo de Capricornio le falta hogar, amor y calor. Cáncer puede ser muy compasivo y curar a Capricornio. Esto permite a Cáncer descongelar el frío estado emocional de Capricornio y así mejorar sus relaciones sexuales e íntimas.

Confianza

Los Capricornio son dignos de confianza, pero no son muy confiados. Su forma de pensar está influenciada por el signo Piscis en su tercera casa, y tienden a entrar en pánico cuando se trata de relaciones íntimas. Cuando se involucran con alguien, saben que la pareja tiene necesidad de confianza, y lo demuestran para apaciguarla, pero solo confían verdaderamente en su pareja después de un cierto período de consistencia o si otras personas corroboran sus historias.

La relación de un Capricornio con Cáncer funciona porque Cáncer rara vez tiene secretos feos que ocultar. La exaltación de Júpiter en Cáncer hace que tengan altos valores morales. Si los Capricornio pueden mostrar su devoción a Cáncer, este confiará plenamente en ellos. Pero son sensibles al hecho de que Capricornio no es tan confiado. A pesar de ello, optan por ser comprensivos y fingir que no son conscientes de ello. La dificultad que tiene Capricornio con los problemas de confianza es entrañable para Cáncer en lugar de ser repulsiva.

Comunicación e intelecto

El factor más extraño que Cáncer y Capricornio tienen en común es la genética. Obviamente, esto no debe tomarse al pie de la letra. Solo significa que tienen la misma imagen de las relaciones que tenían sus antepasados hace siglos. Se cree que nuestros cuerpos emocionales tienen información almacenada sobre las emociones que nuestros antepasados sentían, pero no podían actuar o entender. Capricornio y Cáncer conectan en este punto. Cuando se encuentran, se sienten como si fueran amigos o amantes perdidos hace tiempo y no solo dos personas que se acaban de conocer. Sienten un afecto mutuo instantáneo que es cálido y familiar.

Incluso si sus circunstancias fueron completamente diferentes mientras crecían, pueden sentirse como si hubieran compartido su infancia. Esta sensación de familiaridad ayuda a estos signos a conectar y a hablar de todo lo posible. Hay una cercanía inexplicable entre un Capricornio y un Cáncer, pero es aún más inexplicable cómo ese lazo emocional se manifiesta al principio.

Capricornio es cauteloso, y desde la perspectiva de Cáncer, esto puede ser difícil de abordar. A menos que puedan conectar en un nivel profundo, estos compañeros parecerán tener objetivos opuestos en la vida. Cáncer puede ser mucho más necesitado o pegajoso, mientras que Capricornio es más independiente y orientado a la carrera. Esto es así independientemente del sexo de ambos signos. Si se centran en esta diferencia y se ven de forma negativa, no podrán ser felices juntos. Pero si lo superan y se acercan el uno al otro, estarán completos.

Emociones

La historia de amor entre Cáncer y Capricornio es una historia insatisfecha que dejaron sus antepasados. Esto puede dar lugar a emociones muy fuertes entre ambos y parecer un sueño hecho realidad, pero hay que pagar una deuda kármica antes de que esta pareja pueda encontrar la felicidad junta. Estos dos signos representan el eje de exaltación de Júpiter. Sus expectativas respecto a la relación y al otro están estrechamente ligadas a sus estados emocionales.

Capricornio se considera uno de los signos menos emocionales, mientras que Cáncer se considera un signo muy emocional. Uno debería centrarse en la carrera profesional mientras que el otro debería centrarse en la familia, pero cuando estos dos signos se miran, sus emociones tienden a desbordarse. Sus diferencias primarias pueden dificultar su unión, pero esta pareja crea una relación estable y segura con el tiempo. Es difícil llegar a la profundidad emocional de un Capricornio, pero un Cáncer puede tomar esto como un desafío.

Si un Cáncer se empareja con un Capricornio, suelen llegar al matrimonio y a formar una familia juntos, pero este amor terrenal solo termina bien si se aceptan mutuamente tal y como son. Tratar de cambiar a su pareja solo causará problemas en la relación. Pueden tener un futuro mucho mejor juntos si evitan esto, y si no, solo se cansarán mutuamente.

Valores

Ambos signos valoran el sentido práctico y la estabilidad. Son signos opuestos, pero sus valores son bastante similares. Tanto Cáncer como Capricornio buscan estabilidad en su vida. Quieren una pareja que les proporcione una sensación de seguridad. Esto hará que estos signos se valoren mutuamente. Apreciarán que ambos nunca se rinden ni abandonan, aunque las cosas se pongan difíciles.

Actividades compartidas

Cuando se trata de Cáncer, no tienen preferencias por lo que hace su pareja. Estarán contentos de dejar que el Capricornio pase su tiempo como quiera si no se lo impone al Cáncer también. Capricornio es mucho más específico en cuanto a la forma de pasar el tiempo y planifica las actividades con antelación.

La planificación anticipada da a ambos miembros de la pareja la posibilidad de cambiar de opinión y decidir otra cosa si de repente se dan cuenta de que no quieren hacer algo. Mientras esta pareja muestre respeto por la personalidad del otro, no tendrán problemas para ponerse de acuerdo. Cáncer rara vez estará dispuesto a sacrificar sus horas de sueño por el trabajo, y Capricornio no irá de compras para adquirir artículos de decoración. Tienen que encontrar actividades que ambos disfruten. Si respetan estos límites, el tiempo que pasen juntos puede ser satisfactorio.

La necesidad profundamente arraigada en Capricornio y Cáncer de reparar la relación rota de sus antepasados les permite revivir una antigua historia de amor. Estos signos solares pueden manejar perfectamente cualquier deuda kármica que deba ser resuelta. Cuando lo hagan, podrán elegir al otro como su pareja de por vida. Cuando esta pareja del zodiaco se une, hay una alta probabilidad de que terminen juntos.

Capricornio y Leo

Compatibilidad sexual e intimidad

Capricornio y Leo tienen una profunda conciencia de sí mismos. Esta es la única cosa que estos signos tienen en común. Es mucho más probable que un Capricornio encuentre atractivo a un Leo que al revés. Es raro ver que un Leo se sienta atraído por un Capricornio. Incluso si desarrollan relaciones sexuales, esta pareja rara vez tiene futuro. La mayoría de los Capricornio son prácticos y de mente fría. Leo, en cambio, es apasionado y cálido.

No es que Leo sea completamente impráctico o que Capricornio no pueda ser apasionado. Sin embargo, estos signos no hallarán ningún punto en común. La historia de los regentes de estos dos signos es la de los egos caídos, y representan un conflicto arquetípico en el zodíaco. Podría dañar su autoestima y hacerles dudar de su atractivo y belleza. Esto puede deberse a que Capricornio teme la libertad de expresión sexual que posee Leo, lo que provoca inseguridad en ambos. Estos signos rara vez pueden satisfacer las expectativas del otro.

La vida sexual de esta pareja puede llegar a ser bastante aburrida. Sin embargo, no se dan cuenta de que son similares. Para que tengan relaciones sexuales sanas, necesitan probar cosas nuevas y ser cálidos el uno con el otro. Si caen en la rutina, permanecen en ella durante mucho tiempo. Esto provoca una falta de confianza y una pérdida de libido en ambos miembros de la pareja. Al final, no hay deseo sexual en ninguno de los dos.

Confianza

Neptuno tiene su detrimento en el signo de Leo, y Capricornio lo sabe. Por eso pueden ver claramente detrás de cualquier acto de Leo. La pareja Leo se cuestiona su propia personalidad y sus motivos cuando ve la profundidad a la que llega su pareja. Cualquier mentira que se diga en esta relación se devolverá enseguida, por lo que es inútil consentirlas. La luz de Leo brilla en la oscuridad de

Capricornio. No hay nada que esta pareja pueda ocultar al otro. Si alguno de los dos trata de mentir o de ser reservado, se genera desconfianza. Sin embargo, esta pareja suele optar por confiar en el otro en cualquier situación porque no tiene motivos para no hacerlo.

Comunicación e intelecto

Capricornio y Leo tienen sus propias prioridades en la vida. Tienen personalidades muy diferentes y no les resulta fácil unirse. A menudo pierden mucho tiempo intentando demostrar que tienen razón en cualquier situación o discusión. No entienden que tienen su propio papel y misión que cumplir en la vida.

En lugar de intentar cambiar las prioridades de su pareja, deberían centrarse en las suyas. En realidad, es mejor que ambos tengan sus propios objetivos de vida por separado. Solo tienen que intentar aceptar las diferencias que tienen y respetarse mutuamente. Si hacen esto, su relación puede ser plena y satisfactoria. Capricornio puede ayudar a Leo a dar profundidad a su vida y encontrar más sentido. Leo puede ayudar a Capricornio a tener una visión más creativa y a ser más positivo en la vida. Si estos signos pueden hacer uso de las habilidades del otro, pueden lograr cualquier plan.

Emociones

Capricornio y Leo pueden tener una relación emocional difícil. Esto no se debe a la falta de amor entre los dos. Es más, por el hecho de que se aman. Leo tiene emociones cálidas que pueden ser enfriadas y enterradas fácilmente. Si no pueden expresar su amor, pueden deprimirse. Los Capricornio necesitan más tiempo para sus emociones, pero las ardientes emociones de Leo pueden interrumpirles. Esto puede hacer que el Capricornio sienta que su pareja Leo no es adecuada para él, aunque le encuentre atractiva o inteligente.

La forma en que estos dos signos construyen sus emociones es un problema para la relación. Tener tiempo y paciencia es crucial para que la relación funcione. Sin embargo, Leo no posee estas cualidades, mientras que son el fuerte de Capricornio. Sin paciencia, es imposible llegar al corazón de un Capricornio. Se toman su tiempo para llegar a alguien y expresar sus emociones. Si alguno de estos signos, o ambos, han tenido relaciones difíciles en el pasado, es aún menos probable que se enamoren el uno del otro.

Valores

Ambos signos aprecian los planes, la organización y la presentación. Capricornio es mucho más capaz de hacer planes y establecer objetivos que Leo. Leo valora esto de Capricornio, ya que ellos tienden a ir con la corriente en la mayoría de las situaciones. Sin embargo, los Capricornio buscan una pareja con un centro emocional tranquilo y sensible, pero no lo encuentran en un Leo. Esto solo ocurre en determinados casos. Leo prefiere a las personas abiertas, directas y libres con sus sonrisas. Si juzgan que el Capricornio no tiene estas cualidades, no hay futuro para ellos como pareja.

Actividades compartidas

Las prioridades de los miembros de la pareja determinarán las actividades en las que quieren participar. Cuando un Capricornio quiere sentirse con energía y vigor, participará en cualquier cosa que elija Leo. El Leo estará dispuesto a participar en las actividades que elija el Capricornio solo cuando quiera sentar cabeza. El momento oportuno es muy importante en esta relación. Si falta, ambos se resistirán obstinadamente a hacer lo que el otro quiere.

Si Leo y Capricornio se encuentran en el momento adecuado, pueden llevarse bien. Sin embargo, si comparten diferentes prioridades en la vida, puede ser un problema para su relación. Si Saturno puede reconciliarse con el Sol, puede encontrar muchos beneficios. Sin embargo, es más fácil decirlo que hacerlo. Capricornio puede proporcionar más estructura a la vida de Leo, mientras que Leo puede ayudar a inspirar la creatividad de Capricornio. Incluso si su relación no termina bien, esto podría ayudarles a lograr lo que quieren en sus vidas. Estos signos son muy diferentes, pero es imposible impedir que lo logren si tienen un objetivo común.

Capricornio y Virgo

Compatibilidad sexual e intimidad

Si Capricornio y Virgo no fueran estrictos y rígidos en lo que respecta al sexo, podrían tener una gran conexión sexual. Su relación siempre parece carecer de un cierto grado de emoción pura. Sin embargo, no es que les falte comprensión o paciencia el uno con el otro; rara vez hay actividad sexual en esta pareja porque tienen más razones para no hacerlo que para hacerlo. Sin embargo, si alcanzan alguna sincronización, la belleza de su intimidad sexual demuestra el tipo de profundidad de la que son capaces ambos signos. Esto se manifiesta en forma de emociones profundas que expresan durante el coito.

Ambos signos buscan una pareja que se tome el sexo como un acto serio, no como algo superficial, y que crea que debe ser apreciado. Este es un punto en común para Virgo y Capricornio. Ambos miembros de la pareja también tienden a ser un poco tímidos, y esto puede crear más atracción entre ellos. Sin embargo, esto solo es posible si se encuentran en un punto central. Si su pareja es respetuosa y fiable, Virgo siempre está dispuesto a probar cosas nuevas y a aportar emoción a su vida sexual. Capricornio es un gran complemento para ellos solo si ambos se abren un poco más al principio de su relación.

Confianza

Capricornio es un signo digno de confianza, y esto es algo que la mayoría de los otros signos reconocen. Este signo de tierra es confiable, honesto y nunca engaña a los demás. Virgo tiende a ser un signo en el que se puede confiar también, pero pueden ser infieles si no tienen fe en su pareja. Si siente que puede confiar en su pareja,

Virgo no puede contener sus emociones ni ser vengativo. Sin embargo, los Capricornio pueden sacar lo mejor de su pareja y ayudarles a mantenerse en una relación fiel. Puede llevar algún tiempo que ambos signos se acostumbren el uno al otro y construyan la confianza. Sin embargo, cuando lo hagan, ninguno de los dos romperá la confianza de su pareja y será sagrada su relación.

Comunicación e intelecto

Las conversaciones de Virgo y Capricornio pueden parecer muy aburridas para los espectadores de los signos de fuego o aire. Otros signos del zodiaco rara vez pueden soportar el flujo de la conversación entre dos signos de tierra. Sin embargo, para estos dos signos es una experiencia completamente agradable. Ambos tienen pensamientos profundos que pueden compartir y discutir entre ellos. Ver una profundidad mental similar en su pareja es increíblemente emocionante tanto para Capricornio como para Virgo. Les gusta intercambiar datos informativos e interesantes y disfrutar de un debate respetuoso entre ellos. Encuentran en su pareja al adversario perfecto. Estos signos pueden llevar una conversación de forma satisfactoria.

Capricornio es bueno para decidir cuándo se resuelve un debate, mientras que Virgo tiende a decidir el siguiente tema de conversación. Tienen un sistema perfecto a su favor. Es como si los engranajes encajaran bien y funcionaran sin problemas. Sus conversaciones intelectuales son lo que más les apasiona. Les resulta muy estimulante y los mantiene felices juntos. Su capacidad de comunicación es muy buena y saben que siempre pueden hablar. Si hay un problema, saben que pueden resolverlo.

Emociones

Virgo y Capricornio no suelen ser individuos emocionales. Capricornio es el signo del detrimento de la luna, mientras que Virgo, el de Venus. Ambos signos tienen sus propios problemas emocionales. Sin embargo, sus problemas difieren entre sí, y esto les permite comprender y ayudar a su pareja. Al igual que la confianza entre ellos, tomará tiempo para que sus emociones se desarrollen hacia el otro.

El tiempo es esencial en esta relación. Ambos miembros de la pareja se sentirán mucho más seguros de sí mismos a medida que la pasión entre ellos aumente lenta y constantemente. Cuando tienen confianza, se sienten mucho más liberados con su pareja. Están abiertos a experimentar tanto en su vida sexual como en otras cosas. Esto añade calidez a su relación. Esta pareja se toma su tiempo para comprender y descubrir lentamente nuevas cosas sobre el otro. A medida que van quitando las capas de su pareja, se dan cuenta de cosas que antes no veían. Se convierte en un proceso fascinante para ellos y es un aspecto increíble de su relación.

Valores

Los Capricornio y los Virgo aprecian la calma, la frialdad y la tranquilidad. Por muy complicada o difícil que sea una situación, prefieren afrontarla de forma racional. Dado que ambos signos son capaces de hacerlo, se aportan paz mutuamente. Además, valoran la profundidad que tiene su pareja y agradecen no tener que pretender ser superficiales como con los demás.

Estos dos signos son muy prácticos y tienen los pies en la tierra. Les gustan las decisiones racionales y acertadas con respecto a las finanzas. Sin embargo, la diferencia entre ellos es que Capricornio llegará a extremos para lograr sus objetivos mientras que un Virgo no lo hará. A veces, ver hasta dónde llega un Capricornio puede ser demasiado para el Virgo. A Capricornio también le costará entender la falta de motivación y competitividad de un Virgo.

Actividades compartidas

Virgo se centra más en avanzar en la vida, mientras que Capricornio se centra en ascender. Aquí es donde estos dos signos de tierra difieren entre sí. Tendrán la misma energía para seguir hacia donde va su pareja, pero rara vez coinciden en el destino. Esto se aplica también a las actividades que realizan juntos. Es importante para estos signos encontrar actividades que les ayuden a sentirse positivos. Necesitan una rutina para mantenerse felices en la vida. Si no es así, Virgo puede hacer a veces demasiados sacrificios y acabar deprimiéndose. Capricornio no siempre está dispuesto a asumir la responsabilidad de lo que hace su pareja y es menos probable que caiga en la depresión.

Dado que tanto Capricornio como Virgo pertenecen al elemento tierra, pueden caminar al mismo ritmo. Mientras que otros signos pueden sentir que esta pareja se mueve con demasiada lentitud, Virgo y Capricornio van exactamente igual. Se toman su tiempo para construir su relación con amor, confianza y respeto mutuo. Si se dan un poco de tiempo, pueden encontrar la pareja perfecta en el otro. También saben escuchar las necesidades de su pareja y están dispuestos a satisfacer sus expectativas. Como no son emocionales, su relación puede llegar a ser demasiado rígida. Sin embargo, este obstáculo puede ser superado con el tiempo a medida que crecen y pasan su vida juntos.

Capricornio y Libra

Compatibilidad sexual e intimidad

La espera es el primer término en la relación sexual entre un Capricornio y un Libra. Es similar a la de una esposa que espera el regreso de su marido en un barco después de años en el mar. Tanto Libra como Capricornio consideran el sexo como un aspecto importante de sus vidas. Sin embargo, estos signos regidos por Saturno y Venus pueden tener muy poca actividad sexual en pareja.

Al principio, puede haber una completa falta de atracción entre ellos. Cuando forman una relación, descubren la falta de química sexual en su relación. Aunque la falta de atracción no sea una preocupación para estos signos, siempre habrá algo que se interponga entre ellos. Esta pareja tendrá que lidiar con muchos factores fuera de su control. Normalmente se sentirán demasiado presionados en la relación, lo que podría afectar negativamente su autoestima. Sin embargo, la exaltación de Saturno en el signo de Libra podría crear un entendimiento entre ambos. Ayudará a la pareja a comprender la importancia del buen momento. También evitará que cometan errores por tener expectativas poco realistas.

Si Libra y Capricornio logran superar todos los demás obstáculos para formar un vínculo, sus relaciones sexuales podrán ser rutinarias y conservadoras. Solo encontrarán satisfacción si ambos signos se desprenden de cualquier regla y premisa estricta.

Confianza

Esta improbable pareja tiene una cantidad extrañamente alta de confianza en el otro. Mientras que Libra puede tener motivos cuestionables en ocasiones, su pareja Capricornio le hará sentirse culpable ante el más mínimo indicio de mentira. Sin embargo, si la pareja Capricornio es demasiado estricta al principio de la relación, Libra se sentirá juzgado e inadecuado. Esto podría llevar a la deshonestidad en la relación, incluso si no hay nada que ocultar. Los Libra simplemente son reservados porque quieren proteger su intimidad y a sí mismos.

Comunicación e intelecto

Libra no suele ser un signo muy obstinado. Sin embargo, cuando está emparejado con un Capricornio, de repente se vuelve imposible hablar con él y es muy testarudo. Debido a la exaltación de Saturno, Libra amará mucho a Capricornio. Sin embargo, expresan este amor de forma inusual y parecen hablar por despecho la mayor parte del tiempo. Esto puede llevar a una batalla interminable entre los dos, sin que ninguno salga ganando. Estos dos signos no dejan de levantar muros, aunque no sepan por qué sienten la necesidad de hacerlo. Los elementos a los que pertenecen estos signos pueden suponer un obstáculo para su entendimiento mutuo.

La Tierra y el Aire están muy alejados, y estos compañeros no pueden acercarse el uno al otro. Sea cual sea el tema, no consiguen entenderse. Sin embargo, ambos signos tienen cierta prudencia que les permite mantener conversaciones interesantes y motivarse mutuamente.

Mientras sigan siendo racionales, pueden disfrutar de cosas con el otro donde la mayoría de los otros signos no encontrarían alegría. Tanto Libra como Capricornio encuentran una inmensa satisfacción en resolver un problema serio. Hacer esto juntos es posible si Libra utiliza sus palabras y Capricornio actúa en consecuencia. Sus egos estarían en lo más alto si pueden esforzarse por encontrar una solución juntos.

Emociones

La forma en que un Capricornio y un Libra abordan sus sentimientos es un punto difícil de conciliar para ellos. Las emociones son naturales para los Libra, ya que Venus los rige. Sin embargo, también son serios por naturaleza y tienden a contener sus emociones porque temen ser juzgados por los demás. Capricornio será la fuerza juzgadora que puede frenar a Libra. Esto también alimenta el ego de los Capricornio y les hace sentir que siempre tienen la razón. Esto los aleja aún más del punto en el que pueden conocer a su pareja.

Para que un Libra y un Capricornio hagan que funcione, tienen que demostrar que se aman y se respetan mutuamente. Como Capricornio no es muy emocional por naturaleza, es difícil para la mayoría de los signos llegar a ellos. Sin embargo, para un Libra, esta tarea es más difícil que para otros. Libra retrocederá en cuanto Capricornio subestime sus emociones. Encontrar un punto central en el que ambos muestren absoluta aceptación y respeto por el otro es esencial para que esta relación funcione. Tienen que permitirse llorar, enfadarse, romper cosas o incluso montar escenas en público si eso les ayuda a scr más expresivos.

Valores

Asumir la responsabilidad y valorar el tiempo es importante tanto para Libra como para Capricornio. Estos valores compartidos les ayudan a superar sus personalidades opuestas y cualquier diferencia. Saben que tienen ciertas responsabilidades hacia el otro y las cumplirán. Al ser signos de tierra y de aire, son de costumbres fijas. Son muy diferentes en su forma de hablar y en lo que hacen. Libra considera que su mente tiene un gran valor, y a Capricornio no le importan las palabras si no ve resultados. Estar con un Capricornio puede ayudar a Libra a poner sus palabras en acción. Sin embargo, la relación romántica entre ambos no será agradable para ninguno de los dos.

Actividades compartidas

Ser aburridos para los demás es lo mejor que estos signos pueden hacer juntos. Es probable que su relación les haga trabajar mucho sin ser creativos, y cuando descansan, son perezosos. Es importante que creen una rutina que les permita salir juntos y hacer cosas divertidas. Si no es así, su pasión por el otro morirá.

La mejor manera de describir una posible relación entre Capricornio y Libra es decir que es difícil. Pueden disfrutar de todos los problemas que conlleva su acoplamiento e incluso permanecer juntos durante mucho tiempo. Sin embargo, este es el tipo de vínculo que la mayoría de los otros signos querrán evitar. El verdadero desafío en esta relación es que no respetan el valor emocional. Ambos miembros de la pareja deben descubrir un lenguaje compartido para expresar su amor y entenderse.

Capricornio y Escorpio

Compatibilidad sexual e intimidad

Existe un vínculo especial entre Capricornio y Escorpio cuando se trata de relaciones sexuales. Marte es el regente de Escorpio y Capricornio lo exalta, lo que hace que los signos estén en sextil. La naturaleza física de Capricornio acoge las necesidades sexuales de Escorpio. Sin embargo, estos signos son la caída y el detrimento de la Luna. Esto puede causar problemas en la pareja. Acordar no ser demasiado emocionales o sensibles aleja cualquier intimidad real de la vida sexual entre estos signos. Puede que disfruten de su relación física, pero se vuelven fríos y distantes el uno con el otro.

Aunque piensen que la relación física es suficiente, no apaciguará sus corazones. Se dan cuenta de su necesidad de intimidad solo cuando otras personas aparecen y satisfacen esta necesidad. Estos signos se sienten atraídos por personas de sus signos opuestos, Cáncer y Tauro. Estos dos signos son muy emocionales en contraste con esta pareja. Esta atracción explica la necesidad que tienen Capricornio y Escorpio de una intimidad genuina que vaya más allá de lo físico. No estarán verdaderamente satisfechos hasta que el placer físico venga acompañado de emociones y ternura.

El carácter conservador de Capricornio puede ser frustrante para Escorpio, ya que exalta a Urano. Sin embargo, puede tomarse un tiempo para ayudar al Capricornio a superar sus inhibiciones y relajarse lo suficiente como para probar cosas nuevas con su pareja Escorpio. A Capricornio le resultará difícil acostumbrarse a esta excitación sexual. A cambio, Escorpio apreciará la paciencia de un Capricornio y la sensación de seguridad que le proporciona.

Confianza

El único signo del zodiaco en el que Escorpio puede confiar plenamente es Capricornio. Al ser honesto y directo, Capricornio hará que Escorpio no sienta la necesidad de ser deshonesto. La falta de verdadera intimidad es lo único que podría causar desconfianza en esta pareja. Si no tienen profundidad en la conexión, no pueden estar seguros de confiar en el otro. Sin embargo, si ambos signos trabajan para superar sus inseguridades y ponen algo de esfuerzo emocional en la relación, este problema puede resolverse.

Comunicación e intelecto

Capricornio es terrenal, testarudo y está anclado a sus costumbres, mientras que Escorpio está en constante cambio y evolución. Esto puede ser difícil de manejar para los Capricornio. Pueden entenderse bien, ya que Capricornio es paciente y tienen un ritmo similar para hacer las cosas. Sin embargo, un desacuerdo entre ambos puede provocar una pelea que dure años.

Las conversaciones entre estos signos nunca son fáciles ni ligeras. Ambos reconocen la profundidad de la mente de sus parejas y tienen una visión similar del karma. Sin embargo, rara vez se les verá bailar, reír o disfrutar juntos. Aunque la pareja pueda pensar que no necesita estas cosas, no es cierto. Todo el mundo necesita algo de diversión y risas en su vida. Es más fácil para la pareja si tienen amigos comunes o comparten algo de humor negro. Capricornio puede ayudar a Escorpio a desarrollar amistades duraderas si respeta a su gente. Tener el mismo grupo de buenos amigos puede ser genial para esta pareja.

Emociones

El contacto emocional entre Capricornio y Escorpio plantea el mayor problema en su relación. Ambos signos tienen sus propios problemas emocionales, pero los subestiman. Al principio de la relación, ambos mostrarán a sus parejas que tienen los pies en la tierra y son fuertes. Sin embargo, no se darán cuenta de que esta impresión les hará sentir que siempre tienen que ser el fuerte de la relación. Se esforzarán por no mostrar ningún signo de debilidad, aunque les vendría bien un poco de apoyo. Ambos signos se alejarán de su objetivo de equilibrio emocional si no se esfuerzan por desarrollar una comprensión emocional más profunda del otro.

Valores

Los valores que comparte esta pareja son interesantes de observar. Capricornio da culpa a Escorpio, el signo del detrimento de Venus. Esto significa que sus valores se basan en la culpa, y siempre sienten que nada es suficientemente bueno. Aunque esto puede ayudarles a mantenerse motivados y a trabajar en sí mismos, puede ser difícil de manejar a largo plazo. Ambos necesitan una relación sana que les ayude a aceptar que son más que suficientes.

Actividades compartidas

Capricornio y Escorpio se esfuerzan por alcanzar la grandeza juntos. Su energía se centrará en actividades constructivas para poder alcanzar las metas que se han propuesto. Esta relación no será un lugar fácil y alegre donde todo es arco iris y pasteles. Sin embargo, es un gran emparejamiento que promueve el crecimiento personal, el realismo y la practicidad. Si comparten su pasado con el otro, pueden ayudar a su pareja a sanar. A ambos les gusta indagar la verdad de las cosas, y esto les ayudará a permanecer juntos.

Capricornio y Escorpio pueden compartir una relación inspiradora. Les gusta escarbar en los árboles genealógicos, buscar la verdad y lidiar con cualquier deuda o karma no resuelto. Ambos signos son profundos y nunca se toman las cosas a la ligera. Aprecian esto en el otro, y les ayuda a construir una base sólida. Sin embargo, esta profundidad y estos valores también pueden hacer que su relación carezca de emoción y se vuelva demasiado oscura. Esto podría llevarles a la depresión o a la tristeza e incluso podría hacerles buscar la luz en otra persona.

Capricornio y Sagitario

Compatibilidad sexual e intimidad

El contacto sexual entre esta pareja es de alguna manera insoportable. Aunque Capricornio y Sagitario se sientan atraídos el uno por el otro y mantengan relaciones sexuales, pronto sentirán que no deben estar juntos. Este sentimiento no tiene una explicación lógica, pero existe de todos modos en esta pareja. Pueden manejar las diferencias en su personalidad con bastante facilidad, ya que los Sagitario son fáciles de tratar, mientras que los Capricornio tienden a interpretar la inmadurez de su pareja como culpa suya.

Capricornio busca profundidad y sentido en sus relaciones físicas, ya que es paciente y realista. Sin embargo, los Sagitario no siempre pueden entender este ritmo. No entienden la importancia de ser tan realistas como Capricornio. Esta pareja no podrá ver su incompatibilidad al principio de su relación. Sin embargo, con el tiempo, se hace evidente. Sus diferencias empañarán sus relaciones sexuales y les harán darse cuenta de que no son adecuados el uno para el otro. Capricornio y Sagitario solo podrán tener una vida sexual sana si Capricornio se suelta y Sagitario empieza a respetar lo físico. El punto de encuentro para estos signos es la emoción pura.

Confianza

Sagitario es un signo honesto cuando se trata de relaciones. Sin embargo, tienen un problema para ser honestos con ellos mismos. Los Capricornio notan este defecto y reconocen que es algo que no cambia en un Sagitario. El problema es que Júpiter rige a Sagitario, mientras que Capricornio es el signo de la caída de Júpiter. Capricornio no puede comprender la magia de la vida ni las creencias de cierto tipo. Solo confían en el pensamiento racional, el trabajo duro y los resultados reales. Sin embargo, los sagitarianos piensan que sus creencias positivas pueden ayudarles a obtener un buen resultado en la vida.

Comunicación e intelecto

Un Sagitario y un Capricornio deben evitar hablar o discutir sobre sus sistemas de creencias. Si logran hacerlo, estos signos suelen ser bastante comprensivos el uno con el otro. La sonrisa optimista de un Sagitario siempre puede hacer sonreír el rostro serio de un Capricornio. El enfoque práctico de Capricornio ayuda al creativo y fogoso Sagitario a sentirse con los pies en la tierra. Mientras esta pareja sea respetuosa con el otro, podrán construir mucho juntos. Su visión de construcción es similar y pueden darle vida con éxito.

Intelectualmente, son una pareja compatible siempre que no esperen grandes cambios el uno del otro. Estos signos tienen roles protectores complementarios, y este es el aspecto más hermoso de su relación. Tanto Sagitario como Capricornio representan la protección. Si esta pareja construye un núcleo funcional, nunca permitirán que ningún extraño afecte a su relación. Esta pareja es la mejor elección para ambos signos si están buscando parejas que no permitan que otras personas se entrometan, interfieran o falten al respeto a su relación.

Emociones

Es posible que estos signos compartan un lenguaje emocional. Esto se debe a que Capricornio busca a alguien que lo complete, y Sagitario se convierte en esa persona, ya que es donde Júpiter está exaltado. El corazón de un Sagitario y un Capricornio se unen en este punto de encuentro. Pueden enamorarse profundamente el uno del otro con un poco de fe y evitando expectativas poco realistas. Capricornio suele necesitar como pareja a una persona tierna y melosa, pero Sagitario no suele tener este temperamento. Sin embargo, si comprenden las diferencias y se acercan, este obstáculo es fácil de superar para la pareja.

Valores

Otro punto en común para Capricornio y Sagitario es que valoran la inteligencia. Los sagitarianos se centran en el aprendizaje y la filosofía, ya que buscan la unidad y la verdad universal. Capricornio es un signo capaz de utilizar el conocimiento de forma práctica. Esto los convierte en una buena pareja. Pueden tener la misma longitud de onda si no se consideran estúpidos el uno al otro.

Aceptarse mutuamente les permitirá ver que tienen una profundidad de pensamiento similar y que comparten ciertos valores. Esto no es posible si se juzgan el uno al otro a primera vista. Sin embargo, la mayoría de sus valores siguen siendo bastante diferentes, y ambos signos tienen también necesidades muy distintas. Uno valora más la responsabilidad, la practicidad y la concentración, mientras que el otro valora la creatividad, la libertad y la amplitud mental.

Actividades compartidas

Se podría pensar que una pareja de Capricornio sería demasiado aburrida para un Sagitario, y esto podría provocar la huida de este último. Sin embargo, no ocurre en la mayoría de los casos. Como sus soles no comparten ninguna relación, estos signos son respetuosos el uno con el otro. Por eso Sagitario encuentra interesante a Capricornio a pesar de sus diferencias. Sus diferencias hacen que estos signos sientan curiosidad por el otro, y Sagitario, en particular, siempre está dispuesto a probar cosas nuevas.

Las parejas de Sagitario tienden a disfrutar de un montón de actividades infantiles en las que un Capricornio se negará a participar. Sin embargo, les gusta convencer a sus serios compañeros Capricornio para que participen en estas cosas de una manera alegre y divertida. Ambos signos son inteligentes y son conscientes de las diferencias entre ellos. Esto les hace mucho más refrescantes y emocionantes para ellos.

El acoplamiento de un Sagitario y un Capricornio no es ideal, y rara vez se eligen mutuamente como compañeros de vida. Sin embargo, su relación puede ser agradable y refrescante, ya que ambos se aceptan y comprenden a pesar de sus diferencias. Por muy corta que sea su relación, lo pasarán bien juntos. Esta relación solo será estable si el Capricornio se esfuerza por ayudar a la causa. Sin embargo, la pareja Sagitario siempre será capaz de llevar la alegría a Capricornio y actúa como el pilar en este emparejamiento.

Capricornio y Capricornio

Compatibilidad sexual e intimidad

Puede ser difícil predecir la vida sexual de esta pareja. Al ser del mismo signo, ambos exaltan a Marte. Esto significa que tienen una fuerte libido y les gusta seguir sus instintos. Sin embargo, Capricornio es un signo que tiende a aferrarse a las restricciones. Esta pareja puede preferir tomar decisiones racionales en lugar de ceder a sus instintos y buscar la satisfacción. Es difícil combinar la sexualidad con la practicidad.

Capricornio es mucho más creativo sexualmente cuando está en una relación con otros signos, y también es capaz de formar un vínculo más íntimo. Sin embargo, cuando un Capricornio está en una relación con alguien de su mismo signo, rara vez satisface sus necesidades sexuales o emocionales.

Capricornio es también el regente del tiempo, y esto significa que esta pareja puede acabar esperando mucho tiempo a que las cosas sucedan. Como exaltan a Marte, no les faltará iniciativa. Sin embargo, en cuestiones de sexo y tabúes, estos miembros de la pareja no consiguen llegar al punto de contacto sexual. Si dos personas de este signo se juntan, su relación puede ser extrema en dos sentidos diferentes. Puede que necesiten muy pocas palabras para entenderse, o puede que nunca sean capaces de entender lo que su pareja quiere decir o necesita. No existe un término medio para ellos.

Confianza

Como Capricornio, es fácil confiar en alguien del mismo signo solar. Sin embargo, también existe la necesidad de competir incluso en este asunto. Ambos miembros de la pareja sentirán que son mejores y más honestos que el otro. Esto puede dificultar la confianza en la relación. Las mentiras nunca son un problema real en la relación entre dos Capricornio. El problema es el silencio entre ellos. Cuando intentan comunicarse, ambos miembros de la pareja tienden a crear un ambiente tenso entre ellos, y esto hace que se cuestionen mutuamente. El silencio les dificulta identificarse con su pareja.

Comunicación e intelecto

Capricornio es un signo intelectual con mucha profundidad. Esto significa que dos personas de este signo tendrán mucho de qué hablar. Sin embargo, estas conversaciones rara vez durarán mucho tiempo. Al ser extremadamente competitivos, siempre terminarán en un debate. En lugar de un debate prolongado, se convierte en un torneo silencioso que ninguno gana. Esta pareja necesita ser abierta y decir lo que piensa el uno del otro. Si optan por analizar al otro en silencio, no llegarán muy lejos, sino que perderán el respeto por su pareja.

La mayoría de las veces, la pareja de Capricornio no sentirá la necesidad de hablar. Ambos se interesarán por la vida de su pareja y tendrán muchas cosas que decir. Sin embargo, no comparten mucho, ya que parecen tener constantemente un cerco. Cuando trabajan juntos en un proyecto, tienen la oportunidad de hablar, y es entonces cuando descubren lo mucho que tienen en común.

Trabajar juntos es la mejor manera de que esta pareja tenga conversaciones significativas y se comunique. Al tener mentes similares, serán mucho más eficientes a la hora de resolver problemas juntos. Podrán disfrutar de sus conversaciones si siguen haciendo esto.

Emociones

El contacto emocional entre dos personas de este signo es bastante interesante. Ambos carecen de la capacidad de ser emocionales la mayor parte del tiempo, y siempre tratarán de ser racionales, fríos o controladores. Reconocerán los mismos rasgos en el otro, y esto les molestará aún más. Sin embargo, lo mejor de esta pareja es que comparten los mismos valores y el mismo enfoque de las relaciones. Se tomarán su tiempo para conocerse y abrirse. Cuando la presión desaparezca, se sentirán seguros en la relación y podrán expresarse mejor.

Si esta pareja se enamora, tardará en decirlo en voz alta. Esto se debe a que los Capricornio tienden a temer cualquier muestra emocional. No tienen la suficiente confianza para hacerlo en privado o en público. Si se muestran mutuamente comprensivos y aumentan la confianza del otro, será mucho más fácil ser emocionalmente expresivos. Sin embargo, esto no se conseguirá fácilmente, aunque se respeten mutuamente. Esta pareja se sentirá más cómoda en silencio y dejándose llevar. Pueden entenderse porque son similares, pero esto provocará una ruptura entre ellos si no trabajan en su conexión emocional.

Valores

Se puede pensar que los Capricornio comparten todos los mismos valores, pero no es así. Cada individuo Capricornio puede tener sus propios valores, y están grabados en piedra. Puede ser difícil que dos Capricornio compartan estos valores. Si cierto comportamiento no les gusta o lo consideran incorrecto, no lo aceptarán ni siquiera en el caso de su pareja. Todas sus normas y valores se aplican a cualquier individuo con el que se crucen. Esta pareja debe evitar cuestionar los diferentes valores de su compañero y centrarse en los valores que sí comparten. Juzgar al otro por esas diferencias solo provocará una ruptura.

Actividades compartidas

Aunque ambos miembros de la pareja de Capricornio pueden participar fácilmente en una actividad juntos, uno o ambos se negarán a hacerlo. Aunque tengan tiempo para hacerlo, parecen evitar participar en actividades compartidas por despecho. No hay otra explicación lógica para ello. Se podría pensar de otra manera, ya que este signo suele ser bastante responsable y leal. Sin embargo, al principio de la relación y hasta que no se suelten el uno al otro, será difícil conseguir que hagan cosas juntos. Cuando lo hagan, podrán comprobar que les gusta hacer muchas cosas similares y disfrutarán haciéndolas juntos.

Sin embargo, los Capricornio no son muy buenos para entender lo que su pareja del mismo signo puede necesitar o querer. Tienen que estar lo suficientemente cerca para conseguirlo, y si se distancian, pierden toda comprensión del otro. Cuando esto ocurre, la pareja puede optar por separarse y buscar parejas de distinto signo que sean más suaves y compasivas.

No es ideal para un Capricornio estar con una pareja del mismo signo. Dos negativos a veces dan un positivo, pero con los Capricornio es mucho más probable que den otro negativo. Cuando un Capricornio dominante se junta con otro, la relación no es muy funcional. Ambos quieren mostrarse superiores, lo que eventualmente llevará a que su relación termine.

Si realmente quieren que funcione, tienen que enfocar su sentido de superioridad y competitividad fuera de su relación. Esto les ayudará a mantener el equilibrio en la relación. Si no dejan de enfrentarse, podrían terminar con parejas diferentes.

Capricornio y Acuario

Compatibilidad sexual e intimidad

Acuario es el opuesto de Capricornio, que es restrictivo y tradicional. Sin embargo, el mismo planeta rige a ambos signos, y esto significa que también tienen similitudes. El problema en la vida sexual de estas parejas es que tienen un ritmo diferente debido a sus diferentes elementos. Capricornio es un signo de Tierra minucioso y lento. Esta pareja solo se lanzará a una relación con alguien a quien respete y se sienta atraído.

Cuando tengan relaciones sexuales, Capricornio intentará dar lo mejor de sí mismo. Acuario es un signo de Aire poco fiable y ligeramente escamoso, a pesar de que el maestro de la fiabilidad les rige. Los acuarianos no piensan demasiado antes de lanzarse a una relación y son bastante espontáneos. Les gusta que las cosas sean relajadas y no demasiado serias al principio. Este signo rara vez es lo suficientemente paciente como para ir al mismo ritmo que Capricornio. A los Capricornio les gusta tomarse su tiempo y hacer un plan, por lo que la espontaneidad y el desenfado de Acuario pueden ser un factor de rechazo para ellos.

A los Capricornio no les gusta tener sexo de forma precipitada, por lo que no se precipitan con nadie. Ambos signos son muy apasionados con la pareja adecuada, pero el comienzo juega un papel importante en cómo funcionará la relación. Es difícil que estos dos concilien, ya que su enfoque es muy diferente. Sin embargo, pueden llegar a ser buenos amigos, ya que se respetan mutuamente. Incluso pueden tener una relación sexual como amigos si se comunican bien entre ellos.

Confianza

Las mentiras no son un gran problema entre estos signos. Los Capricornio son firmes en sus convicciones y odian equivocarse o cometer errores. Acuario no teme la confrontación y valora la verdad. Por eso, ninguno de los dos ve motivos para mentirse. Sin embargo, ambos tienen ideas diferentes sobre la confianza. Puede resultarles difícil aceptarse mutuamente. Pueden creer que ambos son honestos, pero no creen que su relación vaya a funcionar. Solo les falta confianza en su relación.

Comunicación e intelecto

Si pertenece a un signo como Cáncer o Tauro, puede ser difícil soportar la relación intelectual entre Acuario y Capricornio. Ambos se respetan de forma silenciosa, pero distante. Sin embargo, se van distanciando cada vez más mientras intentan mantener esta relación respetuosa. No quieren verse de otra manera y prefieren separarse antes que cambiar las cosas.

Esto significa que es mucho más probable que sean buenos amigos duraderos. Pero es importante recordar que estos signos son muy diferentes. Les cuesta entender la forma de vida de su pareja. Su relación solo puede durar si tienen un amor mutuo por un vínculo serio e intereses compartidos.

Emociones

Capricornio y Acuario tienen un extraño lado emocional. Ambos signos suelen ser bastante poco emocionales y se mantienen alejados de los demás que no son cercanos. Pero esta naturaleza cerrada no es la razón por la que su relación carece de conexión emocional. Para Capricornio, las emociones deben expresarse de forma práctica y física. A este signo de tierra se le suele llamar egoísta, ya que antepone sus necesidades.

A los signos espirituales les cuesta aceptar la naturaleza terrenal de Capricornio. No entienden la necesidad de nada material, ni siquiera de dinero. Al ser un signo de aire, Acuario tiene una fe máxima en todo. Su fe no se centra en ninguna regla o religión que el hombre haya creado. Quieren una pareja con la que puedan compartir sus ideas flotantes y su amor celestial. No tienen apego a la comida, al dinero e incluso al sexo. Quieren soñar y vivir sin preocupaciones. Para que Acuario y Capricornio se unan emocionalmente, tienen que aceptar la diferencia de la realidad de su pareja.

Valores

Acuario necesita libertad, mientras que Capricornio valora los límites. Por eso puede parecer difícil para ellos estar en una relación amorosa. Pero Capricornio precede a Acuario, y tiene que haber cierta presión para que se sientan liberados. Estas parejas se unen de forma extraña, pero se dan cuenta de que valoran las mismas cosas si se acercan. Ambos quieren lealtad y coherencia por parte de sus parejas. También suelen tener las mismas exigencias cuando buscan pareja. A ambos signos no les gusta estar con alguien que intente controlarlos. Sus necesidades de una pareja a largo plazo son sorprendentemente similares.

Actividades compartidas

A ninguno de los dos signos le falta energía. Capricornio es bueno para saber en qué debe gastar su energía. Acuario no sabe qué hacer con toda su energía. Es posible que esta pareja no quiera hacer las mismas cosas a menudo, pero pueden tomarse el tiempo necesario para encontrar actividades que disfruten juntos. Acuario debe evitar insistir o tratar de forzar a su pareja Capricornio. Este último debe evitar tratar de negar, restringir o inhibir a su pareja Acuario.

Es posible que Acuario y Capricornio no se sientan atraídos al instante el uno por el otro. Aunque Saturno los rige a ambos, tienen papeles diferentes en el zodíaco. El contacto emocional entre los dos signos es el aspecto más desafiante con el que tienen que lidiar. Para permanecer juntos, Capricornio tiene que ser un poco menos punitivo, mientras que Acuario tiene que ser un poco menos volátil. Encontrar un punto medio puede ser beneficioso para ambos. Acuario puede aprender cómo actuar con las ideas de un Capricornio, mientras que Capricornio será capaz de aprender algo nuevo y dar algunos cambios en su vida.

Capricornio y Piscis

Compatibilidad sexual e intimidad

Si Capricornio realmente quiere estar relajado en una relación, necesita encontrar una pareja del signo Piscis. Las relaciones sexuales entre estos dos pueden ser estupendas, ya que ambos son poderosos a su manera. Capricornio es racional y estricto, mientras que Piscis es emocional y flexible.

A pesar de ser diferentes, ambos están seguros de lo que creen. Existe una fuerte atracción entre estos dos signos. Si se observa el carácter de estos dos signos de forma superficial, puede ser difícil explicar su vida sexual. Sin embargo, Piscis puede conectar emocionalmente con Capricornio de una manera diferente a la de Cáncer. Se trata más de su verdad interior profunda que de la pasión.

Aunque Capricornio parece ser un signo frío, no carecen completamente de emociones. Aunque pueda parecer que Piscis se pierde en sus emociones, puede ser bastante racional a veces. Estos signos pueden sacar lo mejor del otro. Su entendimiento racional-emocional les permite compartir un vínculo profundamente íntimo.

La relación sexual entre estos dos signos puede ser muy espontánea. Piscis inspirará a Capricornio a abrirse y dejar de lado sus inhibiciones. Capricornio ayudará a que ambas partes actúen con más fundamento y muestren sus afectos de forma física. Piscis se volverá más serio mientras que Capricornio se soltará un poco en el transcurso de esta relación. Si pueden permanecer juntos durante mucho tiempo, su relación tendrá confianza, estabilidad y emoción en las cantidades perfectas.

Confianza

Capricornio y Piscis generalmente se mantendrán alejados de la deshonestidad si se comprenden y respetan mutuamente. Sin embargo, todavía existe la posibilidad de que se encuentren con algunos baches. La naturaleza áspera de Capricornio puede hacer que la pareja Piscis sienta la necesidad de mentir a veces. Pero si el Capricornio se muestra inalcanzable y cerrado, no lograrán entenderse. La aproximación a la confianza de estos dos signos es lo que hace que su relación sea hermosa. Ambos son cautelosos a la hora de abrirse al mundo, y la confianza tiene que construirse día a día. Así es como ambos llegan lentamente a confiar en el otro y a conectarse.

Comunicación e intelecto

La pareja Piscis puede ser muy inspiradora para Capricornio. Ambos se preocupan por la buena comunicación en una relación. Les gusta hablar, pero aprenden a detenerse y escuchar en esta relación. Como ambos son tímidos hasta cierto punto, tienen que prestar atención al otro si quieren aprender más sobre su pareja. Ambos lo harán si están realmente interesados en conocer a su pareja en profundidad. Sin embargo, enfrentarán problemas cuando Capricornio actúe con rigidez respecto a sus creencias u opiniones.

Júpiter rige a Piscis, Capricornio lleva a este planeta a su caída. Esto puede poner en peligro la relación entre estos signos. La simple incredulidad del racional y estricto Capricornio puede dañar mucho la fe de Piscis en sus propias convicciones. Los Piscis viven por su sistema de creencias y rara vez lo abandonan. Sin embargo, su pareja Capricornio puede hacerles cuestionar sus convicciones y sentirse solos. Si su pareja Capricornio es demasiado dominante, puede hacer que Piscis pierda su naturaleza inspirada y espontánea.

Emociones

Cuando estos signos se juntan, pueden construir un vínculo profundamente emocional a lo largo de los años. Pueden sacar lo mejor del otro y facilitar el crecimiento constante de su pareja. Lo hacen sin hacer grandes cambios en su personalidad y solo tratan de hacer lo mejor que pueden en la relación. Mientras que Piscis puede parecer poco fiable y escamoso, Capricornio puede parecer malhumorado. Estos signos pueden molestarse mutuamente si se mantienen demasiado firmes en sus opiniones o puntos de vista. Cuando esto sucede, Piscis decepcionará a su terrenal pareja Capricornio, y Capricornio drenará la magia de Piscis.

Valores

La forma en que estos signos abordan sus valores es coherente en cierto modo. Sorprendentemente, los Piscis valoran las emociones estables cuando están en una relación a largo plazo. Capricornio también valora la capacidad de su pareja para ser emocional y pensar positivamente. Esto va en contra de su propia naturaleza, pero es la forma en que abordan sus valores en esta relación.

Sin embargo, tienen problemas cuando tienen que utilizar estas creencias o emociones en su vida cotidiana. Piscis no podrá valorar la frialdad o racionalidad de Capricornio. A veces pueden ser demasiado diferentes, ya que Capricornio piensa que es imposible encontrar el amor perfecto con el que sueña Piscis. No es fácil para ninguno de los dos, pero pueden superar estas diferencias si se valoran lo suficiente.

Actividades compartidas

Al principio de su relación, ambos miembros de la pareja pasarán todo el tiempo juntos, aunque suelen tener intereses muy diferentes. Capricornio querrá entrar en el mundo de su pareja Piscis, mientras que Piscis querrá descubrir la mente de su pareja Capricornio. A medida que pasan más tiempo juntos, comenzarán a participar en diferentes actividades.

Piscis se dará cuenta de que los intereses de Capricornio son aburridos, al menos para sí. A Capricornio le parecerán locas las aficiones de Piscis, ya que no son útiles ni están bien planificadas. Sin embargo, pasarán tiempo haciendo algunas cosas juntos porque valoran las tradiciones. Mientras que Piscis tiene una idea romántica de la tradición, Capricornio respeta la tradición en sí misma. A pesar de los diferentes enfoques, querrán compartir algunas actividades.

Capricornio y Piscis tienen una historia de amor relacionada con la inspiración. Piscis es el signo que puede arrastrar a Capricornio a una historia de amor emocionante e imprevisible. Capricornio es el signo que puede aportar estabilidad y paz en la montaña rusa emocional de la vida de Piscis. Su relación hará que Capricornio sea más optimista y alegre, mientras que Piscis puede actuar de forma más práctica y pensar de forma realista. Sin embargo, su amor por Júpiter puede causar algunos problemas. Los diferentes enfoques que estos signos tienen hacia la fe y la religión pueden dificultar a veces su conciliación. Por eso es importante que cada uno se pregunte si su propio sistema de creencias funciona y si el de su pareja también. Solo tienen que encontrar la manera de aceptar y respetar el Júpiter del otro.

Esperamos que pueda utilizar esta información para conocer mejor a su pareja o elegir una pareja del signo que sea más compatible con usted. Siempre hay excepciones a las reglas, así que no puede juzgar a una persona solo por su signo. Sin embargo, ciertas relaciones fluirán con facilidad, mientras que otras requerirán mucho más trabajo. También tiene que asegurarse de que su pareja se dedica lo suficiente a la relación como para superar los obstáculos que surgen cuando ciertos signos se mezclan. Pero con un poco de tiempo y sinceridad, puede utilizar esta información para comprender mejor a su pareja y mejorar su relación.

Capítulo 7: Las amistades de Capricornio

Esta sección abarcará las amistades, la vida social y la forma en que los Capricornio se desenvuelven en el mundo que los rodea.

Capricornio se toma en serio sus amistades, como todo lo demás en su vida. Son leales y cariñosos, y les gustan las historias compartidas y las bromas internas. Les gusta cuidar de sus amigos y prepararles la cena. Utilizan sus puntos fuertes para ayudar a sus amigos lo mejor posible.

Los Capricornio animan y motivan a sus amigos y ayudan a sacar lo mejor de ellos. No son tímidos a la hora de hacerle saber a sus amigos que están decepcionados de ellos. No ignoran el mal comportamiento y llaman la atención a un amigo si notan algo que consideran incorrecto. Los Capricornio no son el alma de la fiesta y les gusta estar en la cama a tiempo. No son amigos divertidos, pero siempre tienen los mejores regalos. Se dedican a sus amigos y esperan lo mismo.

Cómo ser amigo de un Capricornio

Para acercarse a un Capricornio, hay que ser persistente. Este signo puede parecer distante, pero solo quieren ver si vale la pena antes de invertir en él. Los Capricornio son muy observadores y se toman su tiempo para juzgar si una persona es digna de formar parte de su círculo íntimo. Los Capricornio valoran el buen carácter, ya que ellos mismos son muy honestos.

Para ser amigo de un Capricornio, tiene que ser leal, trabajador y honesto. Esto les impresionará. También, debe mostrarles sus habilidades, ya que se sienten atraídos por esas cosas. Para pasar tiempo con un Capricornio, elija una actividad útil como una clase en la que puedan aprender algo, o únase a ellos para dar un paseo o una caminata solo porque es saludable. Un café o una cena les parecerán inútiles la mayoría de las veces.

Para mantener una buena amistad con un Capricornio, debe esforzarse por estar en contacto. Tenga en cuenta sus cumpleaños y los acontecimientos importantes. Mantenga el contacto con ellos regularmente y envíeles regalos de vez en cuando. A los Capricornio no les gustan los amigos a corto plazo que desaparecen de sus vidas. Aprecian a los que se quedan o mantienen el contacto, aunque sea una amistad a distancia.

A los Capricornio les encanta recordar los viejos tiempos y hablar de historias compartidas. Puede que no parezcan del tipo sentimental, pero realmente lo son. Les gusta guardar fotos y mirarlas de vez en cuando. Tener una foto enmarcada de su amigo Capricornio le demostrará que atesora su amistad.

Los Capricornio son buenos amigos

Son leales

Hacen todo lo posible por cubrirle la espalda y protegerle. Aunque no estén de acuerdo con sus decisiones, tratarán de estar a su lado. Son algo paternales por naturaleza y dan lecciones, pero solo por su beneficio.

Recuerdan cosas importantes

Si visita a su amigo Capricornio, preparará su comida favorita o tendrá preparado su vino preferido. Recordará sus gustos y le darán exactamente lo que quiere para su cumpleaños. Recordarán los detalles de cada historia que les cuente y los nombres de cada ex o familiar del que hable. Este amigo le conocerá al dedillo.

Aprecian sus fortalezas y aceptan sus defectos

Los Capricornio suelen ser consejeros para sus amigos. Le ayudarán a hacer planes y a encaminarse hacia sus objetivos. Saben en qué es bueno y cómo utilizarlo para su beneficio. También conocerán sus debilidades y le aceptarán a pesar de ellas.

Amistades de Capricornio con los otros 11 signos del zodiaco

Capricornio y Aries

Para Capricornio puede ser un reto tener un amigo Aries. Aunque Capricornio está preparado para el desafío, su personalidad opuesta chocará. Aries es impulsivo mientras que Capricornio es frío. Mientras que a Capricornio le gusta saborear su vida, a Aries le gusta apresurarse. Ambos son muy ambiciosos y pueden tener un fuerte vínculo si apoyan las ambiciones del otro.

Capricornio y Tauro

Un Capricornio siempre atesorará su gran amistad con un Tauro. Este signo es humorístico, cariñoso y leal. Admirarán las cualidades de su amigo Capricornio al igual que la cabra de mar admira sus virtudes. Tauro alabará constantemente el empuje, la fiabilidad y la sofisticación de un Capricornio. Ambos signos desean estabilidad financiera para poder jubilarse pronto. A estos amigos les encanta hablar de sus sueños para el futuro y de lo que quieren hacer cuando hayan alcanzado sus metas. Cualquier problema menor apenas afectará su amistad a lo largo de los años.

Capricornio y Géminis

A Capricornio le cuesta entender a su amigo Géminis, pero no por falta de intentos. Los Géminis son imprevisibles, y nunca se puede saber con certeza qué les mueve. Pueden estar interesados en una cosa hoy y en otra mañana. Su comportamiento precipitado es difícil de soportar para el práctico Capricornio. A Géminis, en cambio, le molesta la reticencia de Capricornio a probar cosas nuevas. Pero los amigos Géminis están dispuestos a soportar a los Capricornio si estos aprenden a lidiar con su imprevisibilidad.

Capricornio y Cáncer

Aunque Cáncer es el opuesto astrológico de Capricornio, pueden ser amigos. Los amigos Cáncer son compasivos y cariñosos, y esto puede hacer que los Capricornio se sientan atraídos. La capacidad ejecutiva de un Capricornio es similar a la de Cáncer, y este último los considera un alma gemela. Sin embargo, Cáncer es mucho más emocional y sentimental que Capricornio. No obstante, estos signos pueden crear un buen equilibrio entre sí.

Capricornio y Leo

Tener estos signos como amigos siempre atraerá la atención. Esto puede ser positivo o negativo, dependiendo de algunos factores. Leo es un amigo extrovertido que facilita que el introvertido Capricornio conozca gente nueva. Pero la personalidad soleada de Leo puede eclipsar al tranquilo Capricornio. Estos dos deben evitar competir por las mismas cosas si quieren seguir siendo amigos. Leo será mejor amigo de alguien que tenga sentido del humor, mientras que Capricornio resonará con personas que tengan un humor seco.

Capricornio y Virgo

La amistad entre estos dos signos es bastante notable. Ambos signos son cautelosos, pero parece que se aficionan al instante. Cuando empiezan a hablar, se dan cuenta de que a ambos les gustan actividades como la jardinería. Sin embargo, podrían hacerlo de forma diferente. Virgo aprecia el ritmo lento con el que Capricornio disfruta las cosas, mientras que a Capricornio le gusta la modestia de Virgo. Estos dos serán amigos para siempre si pueden pasar por alto los defectos del otro.

Capricornio y Libra

La amistad entre estos dos signos solo es posible si ambos pasan por alto conscientemente sus diferencias. Libra es un signo muy diferente de Capricornio, y suele ser difícil que se lleven bien. Capricornio se centra en los hechos, mientras que Libra juega con los conceptos. Los Capricornio son personas constantes, mientras que los Libra están en constante cambio.

A Libra le costará entender la naturaleza seria de Capricornio, mientras que este odiará la incapacidad de Libra para tomar decisiones. Lo único que tendrán en común estos amigos es su capacidad de liderazgo. Capricornio es bueno en la gestión de materiales, mientras que Libra es mejor en la ejecución de ideas. Combinar ambos talentos puede ser beneficioso para estos amigos. Trabajar en la construcción de algo juntos hace que su amistad también funcione bien.

Capricornio y Escorpio

Estos signos encuentran gran comodidad en su amistad. Escorpio entenderá la cautela de Capricornio, y este simpatizará con la forma en que Escorpio juega sus cartas. Esta pareja se sentirá cómoda en sus silencios y no les importará que ninguno de los dos hable mucho. El único inconveniente es que a Escorpio no le gusta el comportamiento mandón, y Capricornio se sentirá incómodo con el rencoroso Escorpio. Pero, en general, se llevan bien. Estos signos tienen un humor similar y disfrutan de las comedias oscuras.

Capricornio y Sagitario

Capricornio admira los rasgos de Sagitario como su humor y honestidad. Sagitario, por su parte, admira el empuje y la determinación de Capricornio. Por ello, estos dos signos querrán ser amigos el uno del otro. Ambos se ayudarán mutuamente cuando lo necesiten.

Capricornio y Capricornio

Tener un amigo del mismo signo del zodiaco puede ser agradable para Capricornio. Saben que su amigo nunca les dejará colgados ni actuará de forma irresponsable. Pueden contar con ellos para que cuiden de una mascota cuando están fuera o para que se queden a su lado en una fiesta. A estos amigos no les gusta hablar de sus secretos más oscuros, pero pueden confiar el uno en el otro cuando lo necesitan. Al ser similares, saben que pueden confiar el uno en el otro para mantener sus secretos a salvo y ser leales.

Capricornio y Acuario

El amigo más obvio para Capricornio no es Acuario, pero funciona. El comportamiento impredecible de Acuario sirve como una catarsis para Capricornio. Este signo le recuerda a Capricornio que ayuda desechar las reglas a veces y seguir su instinto. Capricornio enseña a los amigos Acuario el valor de las tradiciones. Pero Acuario suele acusar a Capricornio de ser aburrido y engreído, mientras que este último se cansará de la naturaleza rebelde de Acuario.

Capricornio y Piscis

Capricornio siempre está dispuesto a actuar como santuario para Piscis, que busca refugio en ellos. Saben que Piscis estará allí para reconfortarlos en sus momentos de necesidad. Aunque Capricornio suele ser bastante introvertido, derrama abiertamente sus lágrimas delante de su amigo Piscis. Sin embargo, la falta de puntualidad de Piscis puede ser muy molesta para el puntual Capricornio. Pero la mayoría de las veces, estos amigos se llevan bastante bien.

Capricornio en una fiesta

Es raro ver a los Capricornio en la ciudad todos los días. Sin embargo, siempre aparecen en una fiesta cuando es importante. Si se trata de un cumpleaños o un evento para sus amigos más cercanos o la familia, Capricornio siempre caerá. Nunca fallan en esos días, aunque les guste acostarse temprano. A los Capricornio también se les da bien organizar una fiesta temática para sus amigos de vez en cuando.

Si invita a su amigo Capricornio a una fiesta navideña, estará allí sin falta. Aunque este signo no es muy extrovertido, cambia cuando están con sus personas de confianza. Si acompañan a un amigo a la fiesta de un desconocido, actúan con responsabilidad y se quedan con su amigo todo el tiempo. Beberán un poco, pero nunca más de lo que puedan soportar. Si no conocen a nadie en la fiesta, entablarán una conversación educada e intentarán marcharse cuando sea aceptable. Puede que este signo no sea el alma de la fiesta, pero se divierte a su manera con las personas que realmente quiere.

Capítulo 8: Capricornio en el trabajo - Trayectorias profesionales de Capricornio

En esta sección, veremos a Capricornio en el trabajo. Ciertos tipos de profesiones se adaptan mejor a la personalidad de un Capricornio. Les va mejor en sus carreras cuando las eligen. También conocerá la compatibilidad de los Capricornio con otros signos en el campo laboral.

Las mejores opciones profesionales para Capricornio

Los Capricornio son los más adecuados para una carrera en la que son capaces de capitalizar las fortalezas asociadas a su signo zodiacal. Los Capricornio son intrínsecamente trabajadores y les encanta dedicarse a una tarea concreta. Un Capricornio tiene una gran capacidad para ser organizado y paciente. Pueden seguir bien las rutinas y tienen una fuerte ética de trabajo que les ayuda a realizar varias tareas y a prosperar en el mundo corporativo. Teniendo en cuenta estos rasgos, he aquí algunas de las opciones profesionales más adecuadas para los hombres y mujeres Capricornio.

Profesor

La enseñanza requiere mucha paciencia y una gran capacidad de organización. Esto hace que esta elección de carrera sea una buena opción para los Capricornio. Los profesores deben ser capaces de organizarse y de manejar a veinte o treinta alumnos en una clase.

Los profesores también deben tener mucha paciencia para tratar con niños pequeños, que suelen tener poca capacidad de atención. Todos estos retos hacen que los Capricornio encajen perfectamente en la profesión docente. Sin embargo, recuerde también que muchos Capricornio no pueden relacionarse con los niños pequeños. También hay muchos Leo y Géminis en la profesión docente por su habilidad para relacionarse con otras personas, incluidos los niños pequeños.

Gestor/Organizador profesional

El fuerte de Capricornio es ser organizado y poder manejar diferentes cosas simultáneamente, lo que los convierte en grandes gestores y organizadores profesionales, e incluso en decoradores de casas; pueden ayudar eficazmente a sus clientes a organizar sus hogares, espacios comerciales u oficinas.

La mayoría de las personas que no tienen muchos de los rasgos del signo de *Tierra* en su horóscopo personal no pueden llevar una vida organizada, y necesitan la ayuda de un Capricornio para organizarse. La organización es algo que le viene naturalmente a un Capricornio y capitalizarla profesionalmente puede traer mucho éxito.

Contabilidad/Gestión financiera

La contabilidad puede considerarse el trabajo ideal para un Capricornio. Los Capricornio son excelentes en la gestión de las finanzas. Su gran capacidad de organización les ayuda a preparar grandes estados financieros, lo que les convierte en grandes contables y planificadores financieros. Pueden llevar a cabo estas tareas con facilidad y casi a la perfección, sin errores. La contabilidad y la planificación financiera no es un trabajo destinado a todo el mundo, y la mayoría de las personas no lo disfrutan, pero a los Capricornio es algo que les resulta natural.

Al igual que un contable, el trabajo de un planificador financiero también implica trabajar con la misma gestión de las finanzas y los números, los extractos bancarios y las inversiones de fondos que requiere la contabilidad. Los Capricornio son excelentes para predecir cuándo hay que mover los fondos y encontrar las mejores áreas que produzcan mayores beneficios. Son excelentes para gestionar los riesgos y pueden guiar a las personas y a las organizaciones hacia la seguridad financiera. Los Capricornio son competentes en la gestión financiera; es algo que se les da fácilmente.

Ejecutivo de negocios

La mayoría de los jefes y gerentes de empresas son Capricornio; este puede ser un papel difícil de cumplir para la mayoría de las personas, ya que requiere fuertes habilidades de organización y una excelente capacidad para resolver problemas. Ser ejecutivo también requiere mucha paciencia para tratar con muchos tipos diferentes de personas. También es tarea del directivo decidir quién merece un aumento de sueldo o un ascenso en función de su rendimiento, y a los Capricornio se les da muy bien tomar decisiones desvinculándose emocionalmente de estas situaciones.

Programación y tecnología informática

Ser un hábil programador informático requiere una excepcional capacidad de resolución de problemas y de organización. Los Capricornio tienen un talento natural para la programación informática, la codificación y la gestión de datos. Aunque la mayoría de la gente puede encontrar este trabajo aburrido, los Capricornio son tenaces y pueden concentrarse en los problemas y trabajar en ellos hasta dar con una solución.

Compatibilidad laboral de Capricornio

Los Capricornio son uno de los signos del zodiaco más perseverantes. Si usted es Capricornio, es muy probable que deje a sus jefes impresionados con su empuje, determinación y soluciones prácticas. Mientras que otros signos del zodiaco, como Sagitario y Libra, son expertos en manejar los aspectos sociales de un lugar de trabajo, los Capricornio tienen una disposición diferente y prefieren mantener un perfil bajo y centrarse en hacer su trabajo lo mejor posible.

Capricornio y Aries

Aunque Capricornio es capaz de admirar y relacionarse con la alta energía y la fuerte ética de trabajo del Carnero, puede haber algunas fricciones debido a su comportamiento descarado. Como Capricornio, usted es el tipo de persona que prefiere cubrir su núcleo fuerte e independiente con una funda de terciopelo suave y accesible. Los Aries tienden a pasar por alto estas sutilezas, y su comportamiento descarado puede no sentarle bien.

Aunque su comportamiento brusco puede hacerle estremecer, no puede negar que pueden lograr mucho y obtener grandes resultados. En lugar de criticarles por sus defectos, intente canalizar sus talentos para que le ayuden en diferentes situaciones. Al fin y al cabo, no tiene sentido reprender en vano a personas que se mantienen en su adolescencia y no están dispuestas a dar marcha atrás. Del mismo modo, también es mejor ser directo y cuestionarles si siente que algo no le gusta.

Mientras que un Aries puede ayudare a manejar los aspectos rudos de su negocio, usted puede encargarse de las tareas que requieren delicadeza y sutileza. Juntos, pueden formar un gran dúo y hacer un trabajo importante a su manera.

Capricornio y Tauro

Un Tauro puede ser un magnífico compañero para los Capricornio, principalmente porque comparten los mismos valores fundamentales. Tanto Capricornio como Tauro buscan trabajos que ofrezcan estabilidad, rentabilidad y lujo. Si un Capricornio y un Tauro deciden entrar en el mundo de los negocios juntos, pueden utilizar sus habilidades únicas para crear y mantener empresas rentables como restaurantes de cinco estrellas, concesionarios de coches de lujo y otros negocios de alta gama. Un Capricornio y un Tauro pueden ascender rápidamente en el escalafón proporcionándose mutuamente una valiosa ayuda y apoyo.

Al ser la persona que establece un estándar más alto para este modesto signo del zodiaco, puede ayudarles a liberar todo su potencial, y ellos le recompensarán con su lealtad eterna. Un Tauro también es muy bueno para ponerle a raya cuando es demasiado y corre el riesgo de quemarse. A veces necesita un recordatorio para tomarse un descanso y poder hacer mejor el trabajo.

Capricornio y Géminis

Los Géminis no son las personas más fáciles para trabajar si usted es un Capricornio. Eso no significa que no puedan convivir pacíficamente. Lo importante es recordar que los Géminis no son los mejores para seguir la rutina con regularidad. Por lo tanto, debe ser inteligente al asignar tareas a un Géminis. Asígnele responsabilidades de ritmo rápido, como encargarse de la recepción, responder al teléfono, tomar pedidos y atender a los clientes, mientras usted se concentra en los objetivos a largo plazo, como hacer proyecciones financieras, cumplir con los plazos y formular estrategias de marketing.

Aunque un Géminis pueda parecerle escamoso, no puede negar que la actitud optimista de un Géminis puede alegrar el ambiente y sacar lo mejor de usted. Trate de no reprenderlo demasiado por su comportamiento ansioso; después de todo, solo tiene en mente sus mejores intereses. Los dos pueden crear un dúo muy dinámico y ser curadores, subastadores y archiveros de éxito.

Capricornio y Cáncer

Aunque el Cangrejo es su opuesto astrológico, ambos pueden trabajar muy eficazmente como equipo profesional. La mayoría de los Capricornio son adictos al trabajo, y necesitan a alguien que sepa identificarlo y decirles que bajen el ritmo y se lo tomen con calma para evitar quemarse. Cáncer es perfecto para este trabajo. Del mismo modo, un signo del zodiaco sensible como el Cangrejo necesita muchos elogios y ánimos para funcionar de la mejor manera posible, algo que un Capricornio puede proporcionar con creces.

Sí, el carácter sensible y temperamental de su compañero le pone los nervios de punta en ciertos momentos, pero su lado profesional y su naturaleza directa pueden abrumar a un Cáncer hasta la médula. Si son capaces de superar estas diferencias y admirar los puntos fuertes del otro, pueden ser un dúo eficaz y eficiente. Ambos están dotados de cualidades de liderazgo, aunque un Cáncer está más dotado para trabajar con diferentes tipos de personas, mientras que un Capricornio es más adecuado para trabajar con productos.

Si está pensando en asociarse con un Cáncer, considere la posibilidad de entrar en el sector de la banca de inversión o en la industria naviera.

Capricornio y Leo

Los Leo pueden ser compañeros estimulantes, pero desafiantes, para los Capricornio. Ambos son capaces de trabajar muy duro y tienen una fuerte ética laboral, aunque pueden tener necesidades y objetivos muy diferentes. El León busca la fama mientras que el objetivo principal de un Capricornio es la fortuna. A los Leo les gusta llevar un estilo de vida glamuroso, mientras que a los Capricornio les gusta la elegancia discreta.

Los Leo tienen fama de gastar a manos llenas en sus caprichos mientras que un Capricornio ahorra obsesivamente. Sin embargo, si consiguen superar estas diferencias, ambos pueden crear una poderosa asociación y construir un imperio rentable. Tendrán mucho éxito en el sector inmobiliario y en otras agencias de marketing. A un Leo le encanta trabajar con la gente y ser el centro de atención, mientras que usted puede mantenerse ocupado entre bastidores orquestando la operación y tomando las decisiones importantes. A un Capricornio se le da bien manejar las finanzas, pero puede servir para escuchar a un Leo y trabajar en su presentación.

Capricornio y Virgo

Trabajar con un Virgo es como si sus plegarias fueran escuchadas. Nunca encontrará un compañero más trabajador y honesto. Un Virgo nunca se interpondrá en su camino profesionalmente, y de hecho tratará de hacer que su viaje sea más fácil.

Si es paciente con un Virgo y deja claras sus expectativas, recibirá nada menos que un rendimiento estelar de este signo del zodiaco. Tenga en cuenta que es uno de los signos del zodiaco más propensos al estrés y al agotamiento. Si trabaja con un Virgo, es mejor que deje que su colega se encargue de las operaciones diarias mientras usted se centra en los proyectos a largo plazo y en el panorama general. Juntos pueden utilizar sus habilidades combinadas para obtener los mejores resultados.

Capricornio y Libra

Como Capricornio, aprecia y admira la profesionalidad, y los Libra ciertamente hacen gala del buen trabajo que realizan. Sí, su actitud puede parecer superficial y frívola a veces, pero eso solo puede ser un prejuicio resultante de su forma seria de hacer las cosas.

Los dos tendrán que encontrarse a mitad de camino y encontrar un punto medio que funcione para ambos. No se puede negar que este signo del zodiaco tiene una cabeza muy inteligente sobre los hombros. Tienen una gran capacidad de análisis y les gusta aprender cosas nuevas. Al mismo tiempo, son expertos en convertir la paja en oro y crear algo de la nada.

Esto es algo que un Libra apreciará y admirará mucho. Si trabaja con un Libra, deje que sea la cara de la operación y que se encargue de la clientela mientras usted se encarga de las operaciones ejecutivas. Aunque ambos poseen fuertes habilidades ejecutivas, Capricornio es mucho mejor para tomar decisiones a largo plazo.

Capricornio y Escorpio

Un Escorpio y un Capricornio forman un dúo muy productivo, ya que ambos son extremadamente trabajadores. Esto también se debe a que un Escorpio no tiene ningún problema en que usted esté al frente de la operación. De hecho, los Escorpio prefieren trabajar entre bambalinas, al tiempo que obtienen una ventaja intelectual sobre sus competidores. Mientras un Escorpio se mantiene ocupado construyendo expedientes financieros, usted puede ser la cara de la operación e impresionar a la clientela con su profesionalidad, diligencia y trabajo duro.

Puede confiar en el Escorpión cuando se trata de datos y cifras, que luego puede incorporar en informes y presentaciones para impresionar a su clientela. Aunque pueden tener pequeñas rencillas y agravios el uno con el otro, no hay nada que los dos no puedan solucionar y crear una asociación poderosa y productiva profesionalmente.

Capricornio y Sagitario

La actitud relajada de Sagitario puede ser una distracción para usted, ya que es una persona extremadamente profesional y enfocada en los objetivos. Aunque un Capricornio y un Sagitario tienen rasgos muy conflictivos, la verdad es que un Sagitario puede ser extremadamente importante para su éxito.

Este signo del zodiaco puede conectarse con personas de diferentes ámbitos de la vida, y los dos pueden crear una clientela muy diversa e impresionante y hacerse un nicho único. Además, un Sagitario también es extremadamente honesto y es probable que le controle para evitar que se tomen malas decisiones. Del mismo modo, también puede dar una estructura y un régimen muy necesarios a la naturaleza relajada de un Sagitario para sacar lo mejor de sí.

Capricornio y Acuario

Un Acuario puede intentar poner a prueba su paciencia durante ciertas situaciones, pero eso no significa que sea imposible que ambos coexistan y trabajen en sociedad. Aunque este signo del zodiaco es más conocido por su creatividad, no puede negar su gran capacidad para resolver problemas. Del mismo modo, un Acuario admirará su fuerte ética de trabajo y su capacidad para afrontar grandes responsabilidades sin dejar escapar ni una sola queja.

El trabajo es un aspecto de la vida en el cual a los Capricornio siempre les irá bien mientras amen lo que hacen.

Capítulo 9: ¿Qué necesita un Capricornio?

A estas alturas, ya sabe mucho sobre los rasgos distintivos de Capricornio y lo que les diferencia de otros signos del zodiaco. Para que un Capricornio tenga éxito en su vida, tiene que recordar algunas cosas.

Un individuo de este signo del zodiaco debe tener mucha confianza en sus decisiones, ya sea en el trabajo o en casa. Especialmente en el trabajo, tienen que aprender a valorar sus propias decisiones y así ganarse el respeto de sus compañeros.

En el trabajo, este signo debe esforzarse por parecer muy interesado. A menudo se observa que tienen prisa por irse cuando terminan su trabajo, aunque los compañeros sigan en sus mesas. Cambiar este hábito puede ser útil y hará que la gente note su dedicación.

Los Capricornio deben tratar de elegir las cosas que les gustan o les convienen en lugar de seguir a la multitud. Aunque les gusta la comodidad y la seguridad de seguir a los demás, podrían lograr mucho más éxito si recorren el camino menos transitado.

Es mejor que un Capricornio no trabaje con su cónyuge o incluso en el mismo lugar. Este signo es muy competitivo y controlador, por lo que esto puede tener un impacto negativo en su relación. Tener un lugar de trabajo separado es muy recomendable para los Capricornio y sus parejas. Esto les permitirá tener espacio para su crecimiento personal sin ser influenciados por el otro.

Los Capricornio necesitan probar algo nuevo de vez en cuando. Esto les ayudará a exponerse, a salir de su zona de confort y a ser mundanos.

Los individuos de este signo también necesitan trabajar para ser mejores oyentes. Aunque tienen opiniones fuertes y les gusta expresarse, también deben dar a los demás la oportunidad de hacerlo. Dejar que alguien hable sin interrumpir es una habilidad que este signo necesita adquirir. Les ayudará a aprender de las personas que les rodean y a ser mejores oyentes.

Disponer de un tiempo «a solas» cada día también puede ser beneficioso para su bienestar. Les ayudará a sentirse mejor y a controlar mejor su temperamento incluso en los peores días.

Ser realista es una característica innata de Capricornio. Sin embargo, también es importante que aprendan a ser más positivos en la vida. Está bien esperar lo mejor, aunque sientan que existe la posibilidad de que las cosas salgan mal. Permitirse algunos sueños fugaces a veces puede ser bueno para ellos.

Los Capricornio también deben dejar de criticarse a sí mismos todo el tiempo. Deberían pensar en las cosas que se dicen a sí mismos y tantear si es algo que alguna vez le dirían a un ser querido. La autocrítica constante solo hará que baje su autoestima y afectará a sus capacidades.

Estos son algunos puntos simples que un Capricornio debe tener en cuenta.

Conclusión

A estas alturas, ya sabe mucho sobre la personalidad de Capricornio, junto con sus fortalezas y debilidades. También sabe cómo funciona su mente la mayor parte del tiempo, y esto puede ayudarle a entender mejor a este signo tan distante.

Para un Capricornio, es crucial encontrar la pareja adecuada en el amor que le ayude a equilibrar sus debilidades y a sacar lo mejor de sí. También es importante para ellos estar con una persona que comprenda su necesidad de trabajar duro y tomarse su tiempo para hacer las cosas.

Este signo del zodiaco tiene muchas cosas únicas y admirables. Esperamos que la información de este libro sobre Capricornio le haya resultado esclarecedora. Incluso puede recomendarlo a otros Capricornio o a personas que tengan un Capricornio en sus vidas.

Vea más libros escritos por Mari Silva

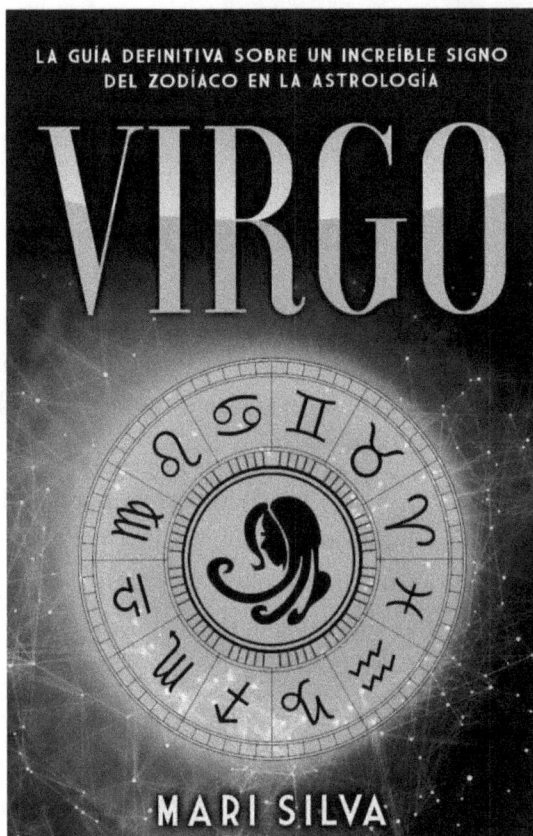

Referencias

Niño Capricornio: Rasgos y personalidad de la niña y el niño Capricornio | Signos del zodiaco para niños. (n.d.). www.buildingbeautifulsouls.com website: https://www.buildingbeautifulsouls.com/zodiac-signs/zodiac-signs-kids/capricorn-child-traits-characteristics-personality/

Rasgos de Capricornio-Características positivas y negativas | Ganeshaspeaks.com. (2016, 29 de noviembre). Sitio web de GaneshaSpeaks:

https://www.ganeshaspeaks.com/zodiac-signs/capricorn/traits/

Faragher, A. K. (2020, 31 de julio). Así es la personalidad de Capricornio en realidad. Sitio web de Allure: https://www.allure.com/story/capricorn-zodiac-sign-personality-traits

Mi signo del zodiaco Capricornio: La amistad. (n.d.). www.horoscope.com website:

https://www.horoscope.com/zodiac-signs/capricorn/friendship

Thinnes, C. (2020, 17 de febrero). Compatibilidad de Capricornio - Mejores y peores parejas. Sitio web de Numerologysign.com:

https://numerologysign.com/astrology/zodiac/compatibility/capricorn-compatibility/

Consejos para que los Capricornio sean aún más impresionantes en la vida. (n.d.). www.horoscope.com sitio web: https://www.horoscope.com/us/editorial/editorial-news.aspx?UniqueID=3310&CRC=29.5F9C29D08F59DE69C1D56A092D0DCF

www.ingramcontent.com/pod-product-compliance
Lightning Source LLC
Chambersburg PA
CBHW071902090426
42811CB00004B/716